Meine präkognitiven Träume 2008

von

Maria Sand

Bibliografische Information der deutschen Nationalbibliothek:

Die deutsche Nationalbibliothek verzeichnet diese Publikation in der deutschen Nationalbibliografie; detaillierte bibliografische Daten sind im Internet über http://dnb.dnb.de abrufbar

Herstellung und Verlag:
BoD – Books on Demand, Norderstedt

ISBN 9783755710387

Die Träume

Traum vom 31.12.2008

Ich besuchte M. in der Pizzeria. Das war ihm gar nicht Recht. Er meinte, ich könne ja eine Joghurt essen, denn er wollte mir nichts anderes geben. Da kam der Koch zu mir. Er war sehr freundlich und nett und sagte mehrmals "Hendi, Hendi?" So wollte er mich fragen, ob ich ein Huhn essen wolle. Er machte vier Portionen und sagte, er selbst wolle auch essen und für M. sei eine Portion bestimmt. Die vierte Portion war offenbar für einen Angestellten. Ich war mir gar nicht sicher, ob ich überhaupt Fleisch essen wollte, sagte dann aber doch ja.

29.12.2008

Gemeinsam mit anderen Leuten wollte ich ein Experiment machen. Ob ich wirklich ich selbst war, kann ich nicht sagen. Wahrscheinlich nahm ich Schlaftabletten, um mich umzubringen und eine zweite Person tat das auch. Wir wollten aber nicht unwiderruflich sterben, sondern das Jenseits erkunden.

Tatsächlich gelang es uns, die Grenze zu überschreiten. Es gab übrigens kein Licht, in das man gehen hätte können und auch nichts ähnliches, sondern nur einen nebelartigen, leeren Raum, in dem dann und wann bunte Gestalten von Menschen auftauchten, also sichtbar wurden. Man sah sie meistens nicht komplett, sondern nur die obere Hälfte. Der Rest verschwand im Nebel. Die bunten Menschen waren also Geister. Ich hatte zeitweise furchtbare Angst, dann wieder kamen Perioden wo mir das alles ganz normal erschien. Zeitweise war ich alleine, dann wieder waren die Leute, die mit mir gemeinsam weggegangen waren, wieder da. Genau kann ich mich nicht erinnern, weil alles irgendwie abstrakt wirkte und keine echte Handlung hatte. Ganz kurz konnte ich mich manchmal in der materiellen Welt sichtbar machen. Da leuchtete mein Körper (der Seelenkörper) auf.

Wir gingen an Orte, die alten Kulturen zugehörig waren, ich glaube es war Ur, oder Sumer und sahen uns dort um, ob wir Leute aus alten Kulturen finden würden. Das war auch tatsächlich der Fall, aber es waren nicht so viele wie wir dachten. Auch Friedhöfe waren kein geeigneter Ort, größere Geisteransammlungen zu finden. Im allgemeinen waren es immer nur einzelne, oder einige wenige, die sich in der Geisterwelt herum trieben. Sie wirkten als wären sie geschäftig und würden einer Arbeit nachgehen, dabei war da nichts außer sie selbst. Wir dachten nach wie das alles funktionieren könne. Ich merkte, dass ich an etwas denken musste und dann sofort dort war. War ich also dann wirklich dort, oder war es Wahrnehmung? Anscheinend gab es verschiedene Schichten, vergleichbar den verschiedenen Frequenzen beim Radio, oder Fernsehen. So gesehen war alles gleichzeitig vorhanden, man konnte es nur nicht sehen. Alles war so bizarr. Durch unseren Willen konnten wir jede Ebene "abrufen", aber ich glaube wir wussten nie, welche es gerade war. Die anderen Geister waren sich dessen wohl nicht bewusst. Auch unsere körperliche,

materielle Ebene war noch da, denn wir lebten
ja noch.

Wir wurden noch rechtzeitig gefunden. Sie
fragten uns, welche Drogen wir genommen
hätten und dachten daran, uns den Magen
auszupumpen. Offenbar waren wir noch nicht
verloren.

27.12.2008

Ein verwirrender Traum, an den ich mich nicht
ganz erinnern kann.

Meine Mutter glaubte, der Sohn ihrer
Freundin würde kein Kind zeugen wollen, weil
er mit ihr nicht verheiratet war und dass es in
der Firma, in der meine Mutter arbeitete,
nicht erlaubt war. Deshalb holte meine Mutter
die Einwilligung zur Zeugung bei ihrer Firma
ein, die sie für ihn auch bekam. Jetzt wollte er
ein Kind. Meine Mutter dachte, sie müsse ihm
ab jetzt Geld schenken. Zwischendurch sah ich
immer wieder seine Exfreundin, die total nackt
durch die Gegend lief. Zeitweise sah ich diese

Szenen aus dem Blickwinkel von unten her, was noch "nackter" wirkte, weil ich ihre Schamlippen erkennen konnte. Alle anderen Leute waren angezogen. Sogar im Traum kam mir das alles seltsam vor.

26.12.2008

Ich hatte zwar Bücher geschrieben (Tatsache), aber nicht wirklich gewollt, dass diese auch gelesen werden. Es gab in mir selbst eine Hemmung, die ich nicht überwinden konnte. Das kann man schwer erklären. Diese schien sich jetzt zu lösen, denn jemand wollte mein Buch lesen und ich hatte nichts dagegen.

Anmerkung: Ich habe fast den kompletten Traum vergessen und erinnere mich nur dunkel daran, dass jemand von mir das Buch wollte und ich es ihm auch gab.

18.12.2008

An diesen Traum erinnere ich mich nicht ganz,
weil ich ihn zwischendurch hatte (musste
aufstehen und ging danach wieder schlafen)
Ich notierte ihn zwar, aber schon zu diesem
Zeitpunkt erinnerte ich mich nicht mehr so
genau.

Es ging um Angst und um sich fürchten.

Ich sah eine Szene aus der Serie "Ellen", die
ich nie bewusst ansehe, weil sie mir nicht
gefällt. Gestern lief unter anderem auch diese
Serie, aber das nahm ich bewusst nicht wahr,
weil ich etwas anderes machte.
Wahrscheinlich kam Y. vor, die sich fürchtete.
Ich sagte was sie tun könne, bzw. wo sie
übernachten könne und zählte alles auf
(vergaß es aber). Unter anderem erwähnte ich
jemanden der im Wald wohnte. Da müsse sie
im Finstern durch den Wald gehen. Dann
dachte ich, da würde sie wohl noch mehr
Angst bekommen. Ich könne sie ja mit dem
Hund zusammen begleiten, aber dann würde
ich vielleicht Angst haben, wenn ich wieder

zurück müsse, weil ich noch dazu im Dunkeln
gar nichts sehe.

Zweiter Traum, zu einem späteren Zeitpunkt

Wir gingen in ein Geschäft. Ich weiß nicht
genau wer noch dabei war, aber es waren
jedenfalls Leute, die ich zumindest im Traum
kannte. Es sah aus wie in einem großen
Kaufhaus. Unter anderem gab es Kleidung. Ich
dachte daran mir ein Kleid zu kaufen. Es
waren eher einfach Kleider, eines in schwarz,
eines war sehr bunt, der Schnitt war bei
beiden gleich. Dann hielt ich es an den Körper.
Es war viel zu klein. Das sei Größe 30, meinte
die Verkäuferin. Es war ein Kinderkleid, passte
also ganz und gar nicht. Ob sie Abverkauf
hätten, fragte ich und die Verkäuferin sagte,
das sei schon der Abverkauf. Sie nannte einen
seltsamen Preis, den ich mir nicht gemerkt
habe. so etwa wie 16,38€ (jetzt nur als
Beispiel). Mich wunderte, dass es keine
ganzen Zahlen waren, was beim Ausverkauf
doch eher üblich ist. Wir gingen durch das
ganze Geschäft, bis zu einem anderen

Ausgang. Zu meiner Begleitung sagte ich, bei diesem Ausgang würde M. normal hinein gehen und dort einkaufen. Er kenne wohl den Rest des Geschäftes gar nicht.

Darüber waren lauter alte Häuser. Jemand müsse die Keller alle aufgekauft haben, um sie dann zu diesem riesigen Geschäft zu verbinden, das über mehrere Blocks ging. Wie das technisch möglich sei, dachte ich. Schon halb erwacht, fiel mir die Jahreszahl 1793 ein und das Wort Basteien. Ob das noch Teil des Traums war, kann ich aber nicht mit Sicherheit sagen.

17.12.2008

S. hatte es sich nun auch im Nebenzimmer sehr gemütlich gemacht und das Zimmer sah nun sehr bunt und sehr chaotisch aus. Selbst auf der Treppe lag allerhand Gerümpel herum. Darüber stolperte M, als er die Treppe

hinunter gehen wollte.[1] [2] [3]Zuerst fiel er auf
den Rücken und schlitterte einige Stufen
hinab, dann machte er einen Köpfler. Ich
konnte ihn gerade noch auffangen und den
Sturz etwas abbremsen.

16.12.2008

Eine junge Frau die ich im Traum offenbar
kannte, in der Realität aber nicht, stieß einem
Fisch längliche, rechteckige Metallteile in den
Körper. Der Fisch lebte offensichtlich noch.
Mich regte das so auf, dass ich zu schreien
begann, sie könne das doch nicht machen.

[1] In derselben Nacht träumte S.: S. war auf einer Treppe und
während sie hinunter ging, stürzte die Treppe ein.

[2] Übergriff in einer Kärntner Volksschule: Mit einem Milzriss und
Kopfverletzungen ist ein Neunjähriger aus dem Bezirk Villach ins
Krankenhaus eingeliefert worden, nachdem ihn eine Mitschülerin in
der Schule über die Treppe gestoßen haben soll. Die Elfjährige ist bei
ihren Schulkameraden gefürchtet; es soll bereits ähnliche Vorfälle
gegeben haben.
http://www.krone.at
angeblich am 17. 12.2008 geschehen, ob es stimmt ist nicht klar (lt.
Zeitungsbericht)

[3] 30.12.2008

Anscheinend war es eine wissenschaftliche
Untersuchung. Ich wurde im Traum so stark
emotional gebeutelt, dass ich davon aufwachte
und auch danach noch lange Zeit aufgeregt
war.

Der zweite Traum entstand unabhängig von
diesem, nachdem ich dann doch einmal
eingeschlafen war. Ich merkte mir aber nur
den Schluss des Traums und das war ein Satz.

Jemand sagte zu einem anderen: "Na dich
möchte ich sehen, wenn du wirklich von
jemandem eine E-Mail bekommst!" Daraufhin
sah ich noch ein Blatt Papier, auf dem viele
Worte standen, die ich nicht lesen konnte, weil
sie zu klein geschrieben waren. Vielleicht
waren es Namen. Und jedes Wort war
entweder unterstrichen, oder durchgestrichen,
das konnte ich nicht so deutlich wahrnehmen.

14.12.2008

Ich wollte B. anrufen, verschob das aber dann
bis fast zum Abend. Dann rief ich doch an,

aber niemand hob ab.[4] Ich sah ein Kinderfoto von B. auf meinem Display. Da niemand abhob, rief ich erst nach längerer Zeit wieder an. Eine fremde Frauenstimme meldete sich. Ich fragte wieso B. nicht abgehoben habe. Die Frau meinte vorwurfsvoll, sie habe sich ja schon gewundert, dass ich nicht angerufen habe, B. liege im Krankenhaus. Komischerweise fragte ich nicht, was B. denn habe, sondern ich versuchte mich damit zu rechtfertigen, dass ich auch im Krankenhaus liegen würde. Dabei wäre gerade das ein Grund dafür gewesen, mich leichter bei B. melden zu können. Auf jeden Fall würde ich demnächst vorbei kommen, meinte ich und legte auf. Obwohl ich eigentlich im Krankenhaus lag, ging ich auf der Straße herum. In den Händen trug ich eine Leber, die ich nur mühsam halten konnte, weil sie schlüpfrig war. Ich spürte zwar Angst, gleichzeitig schien ich aber ganz heiter zu sein und sagte etwas, das ich anscheinend zu B.

[4] 14.12.2008 abends rief ich B. wie vorher ausgemacht (im Ausland) an, aber offenbar wurde die Verbindung gestört, denn das Handy läutete nicht. Eine sms kam aber an. Ich wartete lange und schließlich meldete sich ein Tonband mit der Stimme einer fremden Frau, die mitteilte, der angerufene Teilnehmer hebe nicht ab (genau weiß ich den Wortlaut nicht, weil ich nicht abwartete).

sagte, obwohl ich alleine war. So ähnlich wie:
"Na so kann ich deine Leber nicht tragen, da
wird sie vielleicht schmutzig!"

11.12.2008

Wir waren alle zu Hause und ich glaube wir
hatten auch Besucher da. Letzteres ist nicht
ganz sicher. Jedenfalls bemerkte ich, dass eine
fremde Frau putzte. Erst nach einiger Zeit
begriff ich, dass es eine Putzfrau war. Wie die
zu uns kam, weiß ich nicht. Noch nie in diesem
Leben hatte ich eine Putzfrau gehabt. Als ich
noch sehr jung war, wäre das auch ganz und
gar gegen meine Überzeugung gewesen, dann
ich dachte, das sei ein Ausnützen anderer
Leute. Mir fiel mein Traum ein, in dem ich
geputzt hatte, obwohl Besucher da waren und
ich dachte nun, der Traum habe sich jetzt also
scheinbar erfüllt, wenn auch in anderer Weise.
Ich half ihr aber wenigstens und ließ sie auch
mit uns eine Kleinigkeit essen. Wir hatten

etwas ähnliches wie ein Hühnchen.[5] Zuerst
dachte ich, sie hätte es aus dem Müll geholt.
Das schien dann doch nicht der Fall zu sein,
aber sie hatte in die Semmeln, in der das
Fleisch steckte, auch noch andere, in Plastik
verpackte Sachen getan. Dafür entschuldigte
sie sich nun. Auf dem Boden hatte sie auch
Essbares aufgetürmt. Zum Glück hatte sie es
wenigstens auf Papier gelegt. Allerdings ging
der Hund vorbei, gerade als ich alles vom
Boden aufhob und auf den Tisch legte. Es war
widerlich, aber ich sagte dann doch nichts.
Schließlich ging es noch darum, ihr Putzmittel
zu kaufen, denn das hatte ich anscheinend
nicht getan.

Danach ging ich auf der Straße herum, oder
besser, ich irrte herum, denn ich fand nicht
dorthin zurück, wo ich anscheinend wohnte.
Es waren große Häuser in der Gegend, die mir
sogar im Traum zeitweise fremd vorkamen. In
welcher Stadt wir waren, kann ich auch nicht

---

[5] M. brachte am 15.12.2008 ein gegrilltes Hühnchen mit. Das ist aber
keine Besonderheit, weil er manchmal eines mitbringt. Allerdings war
es diesmal ein ganzes, während er sonst höchstens ein halbes bringt.
Das fiel mir auf (dabei erinnerte ich mich nicht an den Traum),

sagen. Ein Mann ritt ohne Sattel und ohne
Zaumzeug auf einem Pferd vorbei. Oder
besser gesagt nicht vorbei, sondern bis zu uns.
Es waren auch noch einige anderen Männer
da, die ich aber sogar im Traum nicht kannte.
Er stieg ab und ich ging zu dem Pferd, um es
zu streicheln. Zum Glück trug ich
Lederhandschuhe, denn es biss mich in die
Hand. [6]Weil ich aber ein klein wenig
hinausschlüpfte, erwischte es nur den
Handschuh. Nun konnte ich ihm ins Maul
schauen.

Anscheinend hatte es Zähne aus Metall.
Wieder versuchte ich nach Hause zu gehen,
ohne dorthin zu finden. Ein älterer Mann und
seine Frau überholte ich. Er sagte ich sei jung
und schön, aber seine Frau meinte, ich sei alt.
Sie sprachen darüber ganz laut und das war
mir peinlich. Deshalb versuchte ich schneller
zu gehen, vor allem aber eine Strecke, die sie
nicht gingen. Sie folgten mir aber die ganze
Zeit. Ich behalf mich damit, einen Stock, oder

[6] 14.12.2008 Kurier Seite 47 (Gesellschaft) Für eine Handvoll Leder -
Großer Artikel über Handschuhe, mit riesiger Aufnahme von zwei
Lederhandschuhen.

Schirm zu benützen, um mein Tempo zu erhöhen. Das machte mich wirklich schneller und irgendwann hatte ich sie dann endlich abgehängt.

Schließlich war ich dann doch am Ziel angelangt. Nun war es aber nicht das große Haus, sondern ein Hotel, oder eine Ferienanlage in der Türkei. Zumindest glaube ich, dass wir in der Türkei waren. Doch in unserem Zimmer waren Leute die gerade putzten. Jemand sagte ein Wort, das ich leider vergessen habe und dessen Sinn ich nicht verstand. Andere Gäste erklärten mir, das Zimmer sei sozusagen geschlossen worden. Zuerst dachte ich, es wäre das falsche Zimmer. Doch es schien das richtige zu sein. Aber während ich nachsah, ob ich mich im Zimmer geirrt hatte, bemerkte ich, dass alle Zimmer geschlossen worden waren. Alles war weiß, alles wurde geputzt, alles war sehr sauber, aber leider durften wir nicht hinein. An den Türen wurden weiße Bänder angebracht, die x-förmig quer über die Türen gespannt wurden. Die Leute regten sich

darüber auf. Gemeinsam gingen wir in die
Rezeption, um uns zu beschweren.

10.12.2008

Wo ich war kann ich nicht mit Bestimmtheit
sagen, aber ich glaube, ich war in der Türkei.
Ich musste dringend auf die Toilette, aber es
gab dort nichts, außer einem riesigen Kübel,
der im Freien auf einer Bank, oder Pritsche
stand. Irgendetwas tat ich dort, deshalb fiel
der ganze Krempel um. Zum Glück blieb die
Kacke im Blecheimer drinnen, denn der war
zugedeckt. Er war fast voll und enorm schwer
und stank natürlich auch dementsprechend.
Da konnte ich einfach nicht hinein kacken,
auch weil ja jeder zusehen konnte. Also ließ
ich es und suchte eine Toilette, die es dort
aber nicht gab. Nirgends fand ich etwas
derartiges, nur in den Hotels gab es welche,
aber dort ging ich nicht hin. Außerdem wusste
ich, dass ich auch gar nicht mehr zurückhlten
konnte.

Schließlich kam ich in einen Raum, mein
Bedürfnis hatte ich vergessen. Wir setzten uns
auf Stühle, die wie in einem Theater, oder Kino
in Reihen standen und die Reihen hatten noch
hintere Reihen. Eine Frau wollte heiraten, da
meinte ihr zukünftiger Mann, er werde noch
einmal, zum letzten Mal weggehen. Sie müsse
sich aber keine Sorgen machen, denn es
würde keinen Sex geben, nur Spaß mit
Freunden. Da sagte sie: "Na gut, dann gehe
ich auch weg!" Ich fiel spontan mit ein: "Darf
ich mitgehen?" und sie sagte: "Ja!" Erst
nachträglich dachte ich, sie wolle das
vielleicht gar nicht, denn wir kannten einander
zumindest im realen Leben nicht.

Ein, oder zwei Reihen vor mir, saß eine eher
jüngere, aber nicht ganz junge Frau. Sie war
mir nicht sympathisch. Die Frau war ein sehr
dunkler Typ, nicht sonderlich schön, eher
Durchschnitt, fast irgendwie männlich, was
das Gesicht betraf. Diese Frau sagte lächelnd,
ich solle ihr die Sachen geben, auf die ich
mich gesetzt hatte. Das wunderte mich, denn
ich hatte nichts bemerkt. Aber ich merkte

dann, dass ich tatsächlich auf ihren Sachen saß und fragte mich nun, wie diese dorthin gekommen sein könnten. Es waren kleinere Gegenstände die man essen konnte. Was genau das war weiß ich nicht, bis auf etwas, das einen ganz speziellen Namen hatte. Den Namen habe ich vergessen, aber ich weiß noch, dass es Eier in Gläsern waren und etwas daran war hart, denn es knirschte, als die Leute es aßen. Ich glaube es handelte sich um Schokolade. Davon gab es gleich 4 Stück. Ich wollte ihr auch noch kleine Schokofiguren geben, die ich auf meinem Sitz fand, aber sie sagte, das seien meine eigenen. Wahrscheinlich waren es kleine Schokoschneemänner.

(Den Rest des Traums habe ich vergessen, mir blieb nur ein Name in Erinnerung, von dem ich aber nicht sicher weiß, ob es tatsächlich der richtige Name war, denn ich legte mich wieder ins Bett, nachdem ich schon aufgestanden war und dachte an etwas anderes.)

Ich glaube Ich träumte den Namen "Mark".
Jedenfalls war es ein englisch klingender,
kurzer Vorname. Dann kam noch Mickey
Mouse, oder Donald Duck in diesem
Zusammenhang vor, aber auch da kann ich
nicht mehr sagen wieso und warum.

9.12.2008

Ich hatte vor, wegzugehen, habe aber
vergessen wohin. Auch S. wollte weggehen
und ich sollte sie daher mitnehmen. Das
zögerte ich aber hinaus, weil ich eigentlich
nicht wirklich weggehen wollte. Y. meinte
ständig, ich solle doch endlich gehen, es sei
schon spät und S. müsse dann deshalb etwas
bezahlen. Also im Prinzip ich selbst, weil ich
dann für S. hätte zahlen müssen. Wohin ich S.
bringen sollte, weiß ich auch nicht mehr.
Vielleicht in ein Krankenhaus[7]

---

[7] Am 11.12.2008 bekam S. plötzlich zwei weiße Zehen, die sich auch
seltsam anfühlten. Wir waren so erschrocken, dass ich schon in die
Notambulanz fahren wollte. Zum Glück ging das wieder weg und
deshalb ging S. erst am nächsten Tag zum Arzt. Angeblich kommt das
von der Kälte, aber S. lag mit Socken im Bett, in der geheizten
Wohnung.

Wir sprachen über die Öffnungszeiten.
Sonderbarerweise hatte es zu Mittag einige
Zeit gesperrt und auch am Nachmittag. Ich
dachte, ich solle sie sofort hinbringen, aber es
schüttete draußen so arg, dass ich mich
weigerte, das sofort zu tun. "Glaubt ihr ich bin
blöd, dass ich bei so einem Wetter hinaus
gehe?", fragte ich erbost, und weiter, ob das
wirklich jetzt gleich sein müsse. S. antwortete
lächelnd: "Nein, aber morgen, meine Liebe!"
Das war irgendwie verwirrend, denn
eigentlich hätte ich auch "heute" mit ihr
weggehen sollen, aber das war vielleicht nicht
ganz so wichtig. Die Ausdrucksweise war für
sie untypisch.

Als ich aus dem Fenster sah, bemerkte ich
einen Bären, der gelaufen kam und auf dem
regennassen Erdboden ausrutschte.

8.12.2008

Den Anfang des Traums habe ich vergessen.
Dabei ging es jedenfalls um einen Mann von
dem ich dachte, er sei nicht "echt", also ein

künstliches Wesen. Danach kam ich an einem
älteren, dicken Mann, südländischen Typs
vorbei, der bei seinem Auto saß. Er schien
eine eher wichtige Person zu sein, zumindest
wirkte die Szene so auf mich, weil andere
Leute ihn irgendwie ehrfürchtig grüßten. Er
rauchte Filterzigaretten mit weißem Filter. Ein
älterer Mann der vor mir stand, nahm von ihm
eine Zigarette, indem er sich zu ihm hinab
bückte (der Mann saß in seinem Auto, aber
mit den Füßen außen, die Türe war offen. Ich
dachte, ich nehme mir auch eine und er gab
sie mir auch. Dabei rauche ich im realen
Leben ja gar nicht (mehr). Danach nahm er
auch für sich selbst eine Zigarette aus der
Packung. Ich hoffte, er würde mir auch Feuer
geben, denn ich hatte keines, weil ich ja
normal nicht rauchte, das war mir auch im
Traum bewusst.

Ich sagte zu ihm, er müsse wohl sehr
intelligent sein, denn sonst wäre er vermutlich
schon tot. Damit meinte ich, er sei eine sehr
gefährdete Person und könne nur aufgrund
seiner Intelligenz sich gegen seine Feinde

behaupten. Er aber verstand das falsch und
bezog das was ich sagte, auf seine Laster. Also
Rauchen und zu viel Essen, denn er war viel
zu dick.

7.12.2008

Ich erinnere mich nur schlecht an diesen
Traum, daher sieht es so aus, als wären es nur
einzelne Szenen, aber es gab einen
Zusammenhang.

Anscheinend war ich der Chauffeur von
jemandem, der in ein Haus ging. Ich glaube
ich war nicht ich selbst, denn an mir war alles
anders als real. Ich glaube ich war männlichen
Geschlechts, aber wie ich genau aussah, kann
ich nicht mehr sagen.

Mein Chef ging in ein großes Haus. Ich sah
durch Fenster und suchte nach ihm.
Wahrscheinlich sah ich ihn auch und ging
deshalb hinein. Man musste in einen Aufzug
steigen. Der aber hielt im falschen Stockwerk
und fuhr ganz seltsam herum, über den

höchsten Punkt hinaus, wie bei einem
"Paternoster". Er hielt in verschiedenen
Stockwerken, obwohl ich dort nicht hin wollte
und auch keiner dort war. In einem Stockwerk
waren Aliens, die dort herum gingen. Es war
gespenstisch und ich hatte panische Angst,
dass sie mich bemerken könnten. Ich drückte
mich an die Aufzugswand und machte mich so
klein wie nur möglich. Zum Glück bemerkten
sie mich nicht.

Es war alles sehr beängstigend, was sich in
diesem Haus abspielte, aber genau erinnere
ich mich nicht mehr.

Danach war Y. da. Sie kam in die 2. Klasse
Volksschule, aber ich meinte, sie solle
unbedingt in den Kindergarten gehen. Ich
dachte sie brauche das, um sich auf die Schule
vorzubereiten. Nur mit Mühe konnte mir
jemand erklären, dass sie ja schon zur Schule
ging, denn das war mir nicht bewusst
gewesen.

Wir hatten eine junge Katze. Ich dachte kurz
nach, ob das ein Problem werden würde, weil

wir ja schon zwei Katzen hatten. Mit dieser
Katze ging ich ins Freie, weil wir etwas dort
machen wollten. Ich habe vergessen was das
war. Plötzlich sprang die Katze hinunter. Ich
konnte sie nicht aufhalten. Sie rannte zu
einem Zaun, schlüpfte durch und sprang dann
einen Abhang hinunter. Dort waren zwei Tiere,
die unsere Katze angriffen. Eines davon war
ein Wildschwein, was das andere war, habe ich
vergessen. Y. meinte, ich sei schuld, dass die
Katze nun weg sei.

Nach langen und anstrengenden Bemühungen
gelang es mir dann doch, die Katze wieder
einzufangen. Sie war gerettet.

Es gab auch noch etwas, das mit Zahlen zu tun
hatte. Die Zahlen hatten eine Bedeutung. Ich
glaube 20 bedeutete Tod (ist aber nicht
sicher).

6.12.2008

Wir bekamen plötzlich viel Besuch. Eine große
Gruppe Menschen war da und das, obwohl

überhaupt nicht aufgeräumt war. Überall hing
Wäsche zum Trocknen und die Kinder (die
anscheinend klein waren) hatten überall ihre
Sachen einfach so hingeworfen.

Es war aber nicht unsere echte Wohnung,
obwohl einzelne Elemente (mit der Realität)
überein stimmten. So hatte ich den Tisch, den
ich vor kurzem (rael) gekauft hatte und dachte
daran, ihn nun endlich aufzustellen. Der
Grund dafür war ein großes Zimmer, das total
leer war und sich gut als Esszimmer geeignet
hätte. Es sah eigenartig aus. Ich glaube es war
an den Wänden grau. Ob es einfach nur
abgetakelt war, oder aus Marmor, kann ich
nicht sagen. Doch später wurde mir klar, dass
dieses Zimmer Teil eines Lokals war. Dort
waren bei meinem zweiten Eintreten auch
viele Menschen, die aber alle wirklich fremd
waren, auch im Traum. Es gab aber noch
immer keine Tische, obwohl viele Gäste da
waren. Ich räumte die Wohnung auf, putzte
und machte alles so, als wären gar keine Gäste
da. Die ließen sich auch nicht stören.

4.12.2008

Ich saß in einem Wartezimmer und wartete
und wartete. Obwohl ich entweder als erster,
oder zweiter da war, kamen alle anderen
früher dran, weil sie sich vordrängten. Dabei
fielen auch Namen, die ich mir aber nicht
merkte. Unter anderem gab es einen Mann im
Rollstuhl, der ins Nebenzimmer ging (auch
dort kamen manche dran) und sich dann
aufregte, weil ich auch in das Zimmer
gegangen war, wo ich eben schon stundenlang
vor ihm wartete. Selbst das hatte ich mir
erkämpfen müssen.

Drinnen saß ein kleiner Mann im weißen
Mantel. Eine Frau kam gerade heraus und
redete noch weiter mit ihm, bis sie endlich
doch ging. Er fragte mich auch nach dem
Mann, der angeblich nun an der Reihe war,
obwohl es ja keine Reihe gab, denn er rief
niemanden auf.

Trotzdem mir der Name fremd war, wusste ich
wen er meinte. Der sei gerade im
Nebenzimmer, sagte ich. Das ärgerte ihn und

er meinte, dann solle er sich erneut anstellen. Nach kurzer Zeit wurde die Türe geöffnet und der Rollstuhlfahrer wollte doch noch schnell herein, aber nun war es für ihn zu spät und er musste warten, was ihn sichtlich ärgerte.

Er war ein Mann in mittlerem Alter und ich glaube er hatte braunes, bis hellbraunes Haar. Die Türe wurde geschlossen. Als ich nun endlich an die Reihe kam, wurde mir bewusst, dass ich keine Ahnung hatte, worum es überhaupt ging. In der Hand hielt ich allerdings eine Mappe. Ich dachte es sei vielleicht vom Finanzamt, aber der Mann wirkte eher wie ein Arzt. Ihm gegenüber an demselben Schreibtisch, saß eine Frau, die nichts zu tun zu haben schien. Sie redete mit dem Mann. Ich gab meine Unterlagen her und wartete, was er dazu sagen würde. Das bekam ich dann aber nicht wirklich zu hören, oder ich konnte es nicht verstehen. Jedenfalls weiß ich nicht was genau er sagte, aber ich glaube er sagte doch einiges dazu.

Wie bei einer Überblendung in einem Film, war die Frau am Schreibtisch plötzlich eine

Psychiaterin. Oder vielleicht war sie es die ganze Zeit und ich hatte das nur nicht begriffen. In der Hand hielt sie auch so eine Mappe, wie ich sie hatte. Darin waren Zettel, auf denen mit der Hand ganz groß sehr viel geschrieben stand. Offensichtlich war dieser Akt, denn als solcher stellte sich das Stück dann heraus, der eines mir fremden Mannes.

Wir schienen auch in einer ganz anderen Zeit zu sein. Manches konnte ich sogar lesen, aber es war Englisch. Trotzdem verstand ich, dass dort etwas von: großer Arroganz, stand und anderen, als negativ beurteilten Eigenschaften.

Offenbar befanden wir uns in Hitler Deutschland und die Frau sollte einen Patienten beurteilen. Darüber unterhielt sie sich mit einem Mann. Ob es aber der kleine Mann am Tisch war, kann ich nicht sagen.

Die Frau selbst war relativ jung, ich schätzte sie so um die dreißig Jahre. Sie meinte, sie würde den Patienten als unzurechnungsfähig (?) erklären, denn dann würde man ihm vielleicht noch eine Chance geben, weil er etwas verbrochen hatte (glaube ich), statt dass man ihn einsperren, oder gar hinrichten würde. Sie tat ihm damit also sogar einen Gefallen. Ich dachte nach, wie sich das auf sein späteres Leben auswirken würde, wenn das Regime weg sei.

Nach kurzer Zeit konnte ich wieder gehen - und wie schon erwähnt, weiß ich nicht warum ich überhaupt dort gewesen war. Meine Mutter rief mich an und redete so viel mit mir, dass es mir schon auf die Nerven ging. Ich dachte, ich sei noch immer in diesem Zimmer und deshalb wäre das Gespräch störend gewesen. Doch dann war ich mir nicht mehr sicher, ob ich nicht doch schon draußen war.

Es gab zwischendurch auch noch andere Gespräche und Begebenheiten, die ich zeitlich nicht einordnen kann, weil ich nicht einmal weiß, ob sie nicht vielleicht gleichzeitig abliefen. So gab es ein Gespräch mit einem Kind von mir (wer das war weiß ich nicht, bzw. ich weiß nicht, ob es ein real auch existierendes Kind war) das etwas wollte, von

dem ich sagte, da müssten wir wohl einmal auf
einen dreitausender Berg fahren. Vielleicht
war es auch ein Viertausender, oder
Fünftausender, das weiß ich nicht genau.
Jedenfalls fiel mir während ich das sagte ein,
dass der höchste Berg in Österreich ein
Dreitausender sei. Ich sagte, wir könnten nach
Ebensee fahren. Zuerst dachte ich, das sei
nahe, aber dann wurde mir klar, dass es sehr
weit weg ist.

Mit dem Auto wolle ich nicht fahren, eher mit
dem Zug, meinte ich. Wir müssten aber einmal
übernachten. Meine Gedanken kreisten dann
noch weiter um dieses Thema.

Eine andere Szene schien auf dem Land zu
spielen. Vielleicht war es der Gedanke, in
Ebensee zu übernachten. Es war ein großes
Haus, in dem ich mich befand. Mir fiel der
Fußboden besonders auf, weil er wie Holz
aussah, aber bei näherem Hinsehen doch eher
aus Kacheln zu bestehen schien. Die Farbe
war eher dunkel und man sah deshalb gut die
Maserung. Eine Frau ging herum und betreute
die Gäste.

Bei einer anderen Szene saß ich in meinem
Auto, das irgendeinen Defekt hatte. Vor mir
ging eine breite, mehrspurige Straße steil
abwärts. Ich dachte da fahre ich hinunter, da
fährt das Auto ohne Antrieb. Aber ich machte
mir Sorgen, ob ich auch bremsen würde
können.

Eine andere Szene zeigte ein kleines Hotel mit
nur einem Stockwerk (also Parterre und erster
Stock). Davor waren Bretter angebracht,
damit man das Haus renovieren konnte.
Jemand wollte dort hinauf und durch die
Fenster schauen, oder einsteigen, weil er nach
etwas Bestimmten suchte. Und bei einer Szene
befand ich mich auf einer stark befahrenen
Straße, die von einem Grünstreifen geteilt
wurde. Eine Frau unterhielt sich mit mir
darüber und meinte, sie hätten zwar nicht ....
(vergessen - aber im Sinne von "schöner
Wiese, Park, oder so"), aber eben diesen
Grünstreifen.

3.12.2008

Ein Mann machte eine magische Handlung, an der jemand beteiligt war und ich auch. Wir kochten ein Ei, das er sich jedes mal von mir bringen ließ. Er sperrte eine Türe nach jeder dieser Handlungen 3x zu, oder auf (was normal ja nicht möglich ist, weil man nur 2x sperren kann)[8] und sagte etwas, was ich leider vergaß. Dann legten wir das Ei in eine Schale und versteckten es. Ich hatte dabei immer Schwierigkeiten mit dem Atmen. Doch die andere Person hinterfragte das und sperrte heimlich auf, also immer je dreimal rückwirkend. Zwei Eier hatten wir, da kam das dritte dran. Wieder die Prozedur, doch diesmal ließ er es nicht bringen. Ich schälte es und es brach dabei in zwei Teile. Nun stellte sich die Frage, ob wir den Bann so gebrochen hatten, oder ob er bemerkte, was wir gemacht hatten.

[8] Jänner 2009 R. kaufte sich eine Sicherheitstüre. Diese muss man 3x zusperren.

30.11.2008

Ein Fahrzeug das so ähnlich wie eine Mischung aus Motorrad und Auto aussah (kein Mopedauto), kam mir freudig entgegen. Es verhielt sich wie ein Tier und deshalb dachte ich - da es mich anscheinend mochte - ich sollte es mir vielleicht kurz ausborgen. Die Besitzerin war eine sehr große Frau. Ich wunderte mich, wie sie in das Auto konnte. Sie borgte es mir. Aus Dankbarkeit nahm ich ihre Tochter ins Schwimmbad mit. Später sollte ich das Mädchen wieder nach Hause bringen, aber ich hatte Schwierigkeiten, rechtzeitig ins Bad zu kommen. Es war knapp vor 19 Uhr und wenigstens bis 19 Uhr sollte ich sie nach Hause gebracht haben. Endlich fand ich sie, aber sie wollte nicht mit kommen, weil sie eine Freundin gefunden hatte. Ich musste ihr versprechen, sie ein anderes mal wieder zum Bad zu bringen.

28.11.2008

Ich sah zwei seltsame Tiere. Es waren neu
gezüchtete Tiere, vermutlich durch einen
Fund und genetische Wiederherstellung
entstanden. Also eigentlich vorsintflutlich und
ausgestorben. Es waren - glaube ich -
Wollschildkröten, denn sie hatten einen
Panzer, aber wolliges, helles Haar darüber. Die
beiden kuschelten sich aneinander und
krochen dabei halb in den Panzer hinein.

27.11.2008
Ich sah einen Hund, weiß aber nicht ob es
meiner war, oder ein fremder, der eine Katze
im Genick packte und umbrachte. Das konnte
ich nicht verhindern, aber ich hoffte, sie würde
sich wehren. Doch die Katze war hilflos und
verloren.

25.11.2008
Es gab zwei Handlungen, die irgendwie
miteinander verbunden waren, aber ich weiß
nicht wie.

Ich war im Gefängnis, trotzdem wirkte alles
friedlich. Kinder waren da. Ein Kind hatte eine
weiße Katze, die ein kleines, weißes Kätzchen
hatte. Erstaunt bemerkte ich, dass draußen
vor dem Fenster zwei Raubvögel saßen. Einer
war männlich, einer weiblich, vermutlich
waren es Adler. Sie sahen zu uns herein und
verhielten sich wie Menschen. Einer deutete
mit dem Flügel, er wolle die Katzen haben, ich
solle sie ihm geben. Das lehnte ich mit einer
Handbewegung ab. Dafür bot ich ihm etwas
an, das ich gerade dort gefunden hatte. Es war
ein Säckchen mit schwarzen Zuckerln,
Brombeeren und noch etwas. Er deutete, das
würde er auch nehmen. Da gab ich ihm die
Lebensmittel, die schwarzen Zuckerln ließ ich
weg. Das Weibchen übernahm mein Geschenk
und fiel dabei fast vom Ast. Das sah lustig aus
und ich musste lachen. Nun waren sie
zufrieden.

Ich musste in die Zelle gehen. Ich glaube es
gab da eine gewalttätige Szene, an die ich
mich aber nicht erinnere. Als ich in der Zelle
saß, sagte mir jemand, sie hätten mich noch
schreien gehört, nachdem man mich

weggebracht hatte. Da fiel mir auf, ich wusste
gar nicht wie ich in die Zelle gekommen war.
Eine echte Gedächtnislücke klaffte in meinem
Erinnerungsablauf.

Der Name Christian Klas tauchte auf, aber ich
weiß nicht in welchem Zusammenhang. Mir
wurde klar, dass ich gefoltert worden war.
Anschließend hatte man mir offensichtlich
eine Droge verabreicht, die meine Erinnerung
daran blockierte. Ich sah mir meinen Körper
an, aber es gab keine sichtbaren Verletzungen.
Also hatte man meine Zähne geöffnet, dachte
ich. In diesem Gefängnis habe es schon öfter
blaue Flecken gegeben, sagte jemand. Das
bedeutete, dort wurde oft gefoltert. Ich
beschloss, die Leute die das gemacht hatten
zu verklagen. Auch wenn ich keine bewusste
Erinnerung hatte, würde man das noch
beweisen können.

24.11.2008

Ich suchte mir Arbeit. Dazu musste ich weit
aus der Stadt hinaus fahren, zu einem sehr
großen Gebäude, das nicht nur hoch war,

sondern auch langgezogen da lag, vermutlich in sonst unverbautem Gebiet. Vielleicht war es eine Industrieansiedlung, aber das nahm ich nicht bewusst wahr. In der Eingangshalle, die ich erst nach langem Suchen fand, fragte ich eine sehr nette Frau, wohin genau ich gehen solle. Sie sagte mir was ich wissen wollte und gab mir auch noch einen Schlüsselbund in die Hand, an dem unter anderem auch ein kleiner, silbrigfarbener, eigenartig aussehender Schlüssel hing, sowie ein Anhänger, der aus Plastik bestand, in das man rote, künstliche Haare eingeschweißt hatte. (Früher gab es kleine Plastikfiguren die wie Trolle, oder Wichtel aussahen und üppiges Haar in verschiedenen Farben hatten. Ich hatte als Kind auch zwei davon. Einer hatte weißes, einer rotes Haar und damals liebte ich die deutschen Sagen. Deshalb nannte ich einen Loki und einen Hönir[9].) Ich glaube, auch eine

[9] 9.1.2009 Vor wenigen Tagen sah ich eine Szene im Fernsehen, wo man diese Plastikfigur sehen konnte. Heute sieht man sie kaum noch irgendwo. Da ich mich aber an diesen Traum nicht erinnerte, notierte ich das nicht.

28.2.2022 Als mein Hund im Jahr 2021 starb, ließen wir seine Haare in einen Schlüsselanhänger einschweißen. Er hatte rote Haare. Das

Trillerpfeife wie man sie für das Rufen von Hunden hat, war dabei.

Die Frau arbeitete dort, vielleicht war sie Portier, aber das ist nicht sicher. Ich hatte den Hund mit, ließ ihn zuvor aber in diesem Haus irgendwo zurück, weil ich nicht sicher war, ob man dort Hunde mitnehmen konnte. Ich sagte, ich hätte ihn im Auto gelassen. Die Frau schien nichts dagegen zu haben. Trotzdem ging ich zuerst dorthin, wohin sie mich geschickt hatte.

Es war sehr schwer sich zu orientieren. Ich musste suchen und fragen, bis ich endlich ans Ziel kam. Es handelte sich um ein Lager. Ich sah den Leuten beim arbeiten zu. Es schien eine körperlich anstrengende Arbeit zu sein und es waren auch nur Männer dort beschäftigt. Viele riesige Kartons, oder Kisten mussten bewegt werden. Als ich sagte, ich wolle dort arbeiten, schienen diese Männer belustigt zu sein, weil ich nicht so aussah, als könne ich die schwere Arbeit leisten. Der Chef war ein älterer Mann, so um die 40, 50 mit

hatte ich nur machen lassen, weil die Dame die ihn abholte mich davon überzeugte, das müsse man unbedingt haben.

derbem Gesicht. Er war durchaus freundlich, aber als ich fragte, ob ich den Hund in die Arbeit mitnehmen könnte[10], wurde sein Blick böse. "Ich will hier herunten keinen Hund!", knurrte er mich an. "Ich werde ihn nach Hause bringen!", sagte ich und wollte gehen. "Bekomme ich den Job?", Der Chef meinte, das könne nicht er entscheiden, ich müsse auf Antwort warten. Also ging ich weg, um den Hund zu suchen. Ich fand ihn nicht. Es war schrecklich. Immer wieder fragte ich, bis endlich jemand den Hund brachte. Er hatte geschlafen und mich nicht gehört. Nun musste ich wohl auch die Schlüssel zurück bringen und ging daher zur Portierloge. Jetzt kannte ich mich dort schon halbwegs aus.

Die Frau war aber nicht da. Jemand anderer saß dort und sagte, sie würde später kommen. Am Schlüsselbund hing ein Namensschild. Ich

10

5.11.2008 Kronen Zeitung Großer Artikel über Hunde am Arbeitsplatz.
28.2.2021 Offenbar stellte der Traum einen Bezug zum Tod meines Hundes her, denn auch später träumte ich, kurz vor seinem Tod, er sei verschwunden.

las den Namen und nannte ihn, vergaß ihn
aber und kann ihn daher nicht wiedergeben.
Jemand sagte, man würde ihr den Schlüssel
geben, wenn sie kommt.

Ich fuhr mit dem Auto nach Hause. M. B. und
noch jemand war dabei. Immer wieder bog ich
falsch ab und hatte überhaupt Schwierigkeiten
mit dem Fahren, aber M. wollte sich nicht an
meiner Stelle ans Steuer setzen. Nun erzählte
ich, dass ich einen Job suchte. M. war das
nicht Recht. Deshalb fragte er, warum ich das
nicht früher schon gemacht habe. Dabei hatte
er mich immer daran gehindert. Ich sagte,
früher seien die Kinder klein gewesen, deshalb
hätte ich nicht weg gekonnt. Die Kinder
könnten ja den Job haben, meinte ich. B
erklärte das sei nicht möglich, sie sei ja nur
über Weihnachten da und müsse dann zurück
zur Uni.[11] Ich sagte, dass wisse ich ja, ich
hätte nicht sie gemeint. Danach ging ich mit
meiner Mutter und einem Kind bei der Trafik
vorbei. Meine Mutter ließ ich den Hund immer

[11] 9.1.2009 B. war im Ausland studieren und wollte nur über
Weihnachten zu Hause bleiben, blieb aber dann doch da und wird
daher erst nach den Ferien zur Uni gehen.

wieder halten, obwohl ich wusste, dass es für
sie gefährlich war, weil er sie umwerfen hätte
können.

31.10.2008

Ich hatte einen langen Traum, vergaß aber
viel davon.

Teilweise war ich in einer Schule. Den Hund
hatte ich mit und die Kinder hatten Angst vor
ihm. Dann war ich mit ihm in einem Haus. Er
war bei mir. Als ich auf den Gang kam war
dort ein kleiner Hund, den er begrüßte. Der
kleine Hund pinkelte hin und da sah ich, dass
es dort schon eine große Lacke von meinem
Hund gab. Die wollte ich nun aufwischen.

Wahrscheinlich änderte sich aber dann der
Traum. Ich fuhr mit einem Rad. Das bemerkte
ich erst, als ich einen Weg hochfahren wollte,
aber nicht konnte, weil man mit einem Auto
dort nicht hätte fahren können. Zuerst fuhr ich
vermutlich mit einem Auto, glaube ich, weil
mich die Leute so seltsam ansahen, danach
dachte ich, ich hätte mir das nur eingebildet.

Ich stieg ab und schob das Rad. Als ich wieder aufsteigen wollte, sah es plötzlich ganz anders aus. Es war sehr alt, schwarz und hatte nur kleine Pedale zum draufsteigen und treten. Verrostet war es auch sehr. Das ist nicht mein Rad, dachte ich. Aber dann sah ich meinen Rucksack darauf hängen, also musste es wohl meines sein.

Auch viele kleine Katzen kamen im Traum vor. Ich weiß aber nicht mehr in welchem Zusammenhang.

Schließlich war ich mit S. beim Arzt. Auch M. war bei uns. Alles schien schon abgeschlossen zu sein und wir mussten 40,--€ noch extra bezahlen. Die hatte ich nicht, aber S. hatte mehr als 40,--€ in der Tasche. Dann musste S. nochmals untersucht werden, weil 37,6° (glaube ich mich zu erinnern) festgestellt worden war. Das sei doch normal, meinte ich, aber die Untersuchung wurde schon gemacht. Die Leute die dort warteten, verhielten sich seltsam.

31.10.2008 um 22:03 Uhr: Leider unbeweisbar.
http://www.krone.at/krone/S25/object_id__120358/
hxcms/index.html
Es geht bei dem Artikel um 40,--€

"Als die Frauen es ablehnten, eine Geldstrafe in Höhe von
umgerechnet 40 Euro wegen "unschicklicher Zurschaustellung" ihres
Körpers zu zahlen, kamen sie schließlich vor Gericht."

Sonst gibt es keine Übereinstimmung.

31.10.2008 um 22:12 Uhr:
http://www.krone.at/krone/S25/object_id__120241/
hxcms/index.html

Auch hier kein Eindeutiger Beweis, aber eine Beziehung zwischen
Katzen und Arzt, wie im Traum.

"Es ist ein Skandal, der weit über den oststeirischen Ort hinaus für
Entsetzen sorgt: Da bezieht jemand ein Haus in ländlicher Gegend.
Dort sind, wie in ruralem Umfeld üblich, auch Katzen. Die stören den
Arzt. So sehr, dass er einige einfach mittels Falle einfängt - und
aussetzt! Ein Fall für den Staatsanwalt."

03.11.2008 um 18:46 Uhr:3.11.2008 Heute schwoll plötzlich die Stelle
an, wo Basil verletzt ist. Ich musste zum Tierarzt. Es wurde eine
Flüssigkeit aus ihm heraus gezogen, mindestens ein halber Liter.
Könnte eine Assoziation sein. Es gab dort mehrere Hunde, alle waren
kleiner als er.

03.11.2008 um 18:48 Uhr: Beim Tierarzt gab es natürlich auch
Katzen. Eine war höchstens ein Monat alt, also sehr klein. Dabei war
eigentlich keine Ordination mehr, die endete um 11 Uhr, ich kam um
ca. 11.30 Uhr hin und sah nach, ob noch offen sei.

30.10.2008

Wieder nur eine Szene gemerkt.

Drei sehr junge, sehr hübsche und auch vom
Wesen her sehr liebe Mädchen liefen über die
Straße. Drei Männer sahen sie und wollten mit
ihnen schlafen. Ob das dann auch geschah,
wusste ich nicht, auch nicht ob freiwillig, oder
nicht. Die Mädchen liefen völlig unbeschwert
in ein Haus, die Männer hinterher. Einer
sagte: "Welche Frisur?" Damit meinte er, jeder
solle sich ein Mädchen nach der Frisur
aussuchen, denn das war das Einzige was
wirklich unterschiedlich war, ansonsten waren
sie gleichwertig, obwohl sie sich nicht so arg
ähnlich sahen. Die Männer meinten aber auch
noch, es seien wohl Schwestern.

29.10.2008

Den Traum habe ich größtenteils vergessen.
Gemerkt habe ich mir nur die letzte Szene und

auch die undeutlich. Es ging darum, etwas im Computer, oder im Internet zu machen. Ein Mann war da, der das machte, oder beaufsichtigte. Er wollte von mir etwas wissen und ich zeigte ihm dann einen Zettel auf dem einiges stand, was man übertragen sollte. Es war meine Buchhaltung, aber wahrscheinlich waren es nur Buchtitel. Mir war das alles so fremd, dass ich es mir nicht merken konnte, obwohl ich den Zettel mit Schrift deutlich erkennen konnte. Er meinte, er verstehe jetzt was ich da machen wolle und ich erklärte ihm, das gehöre gar nicht veröffentlicht.

04.11.2008 um 21:30
Uhr :http://www.kurier.at/geldundwirtschaft/geld/254938.php

Serie KURIER-Geldberater, Teil 3: Mit seinem Geld auszukommen ist ganz einfach: Das Zauberwort heißt Buchhaltung.

Man sieht eine Buchhaltung wie sie heute nur noch private Personen machen.

27.10.2008

Ich befand mich in einem Labor und wollte
meinen Harn selbst testen. Schon in der Früh
hatte ich eine Probe in ein Glas getan. Die
Flüssigkeit wirkte dick und war fast orange.
Das Glas hatte ich in ein Tuch eingeschlagen,
sodass es niemand sehen konnte. M. kam und
sagte: "Komm schon (oder - komm endlich),
das Essen ist voll Tisch!" Dann besserte er
sich aus: "Der Tisch ist voll Essen!" Ich
meinte, ich käme sicher bald und tat so, als
täte ich etwas. Er sollte nicht bemerken, dass
ich diesen Test machte. Endlich konnte ich ihn
abwimmeln. Nun tauschte ich den alten Harn
gegen frischen aus. Dann suchte ich einen
Teststreifen, kannte mich in diesem Labor
aber nicht aus und fand deshalb auch keinen.
Einige Leute kamen, die dort angestellt waren.
Sie merkten nicht, dass ich fremd war, aber
ihre Anwesenheit hinderte mich daran, zu tun
was ich tun wollte.

26.10.2008

Es war kein normaler Traum, denn ich hörte,
oder dachte nur einen Satz. "Das Herz schlägt
nur noch im Oktober!" (oder so ähnlich; ich
glaube der Satz lautete ein klein wenig
anders, aber ich notierte ihn nicht gleich und
war mir deshalb nicht mehr sicher).

Das führte zu Überlegungen, wer in nächster
Zeit sterben würde. Der erste Gedanke kreiste
um B., dann dachte ich an mich selbst und
schließlich überlegte ich ganz allgemein. Es
fiel mir deshalb schwer, wieder einzuschlafen.
Allerdings träumte ich dann wieder scheinbar
von B. und schob deshalb den Gedanken etwas
beiseite. Genau weiß man aber oft nicht, wer
man in einem Traum nun konkret ist und wer
die anderen sind.

Es ging in dem Traum um eine junge Frau. Ich
dachte dabei an G.St. was absurd ist, weil sie
in Italien lebt, nicht jung ist und außerdem
verheiratet ist. Diese junge Frau arbeitete in
einer großen Firma. Wir wollten alle bei ihr
einziehen und von ihrem Gehalt leben, weil sie
dachte, sie würde viel verdienen. Wir waren,

glaube ich, mindestens drei Personen. Nun musste sie zu ihrem Chef. Da wurde sie dann etwas desillusioniert, denn er war mit ihrer Arbeit überhaupt nicht zufrieden, weil sie nur halbtags arbeitete und sich auch nicht sonderlich engagierte. Sie bekam nur 500,--€ im Monat. Davon konnten wir natürlich nicht alle leben. Ich dachte daran, zurück zu meinen Eltern zu gehen.

Auch B. wollte wieder nach Hause gehen, weil Y. in ihrer Wohnung bleiben wollte und sie nun keine Wohnung hatte.[12] Alles war irgendwie verwirrend, weil nicht mehr so klar war, wer diese Personen wirklich waren. Ich war jedenfalls offenbar nicht ich selbst.

[12] 9.2.2009 B. wohnt seit ihrer Rückkehr zusammen mit Y. in ihrer Wohnung.

27.10.2008 um 05:46 Uhr: Ereignis am 25.10.2008 - erschienen am 26.10.2008 Bei einer am Freitag in einem Wiener Privatspital durchgeführten Vorbereitung eines Routineeingriffs bei Nowotny sei es zu einer "gut beherrschbaren Komplikation" gekommen, die allerdings eine weiterführende medizinische Behandlung kurzfristig notwendig gemacht habe. Anderslautende Meldungen über den Gesundheitszustand wollten die Ärztinnen und Ärzte des Wilhelminenspitals am Sonntag nicht bestätigen. (Anfangs stand dort "Herzstillstand" - das könnte den Traum ausgelöst haben) http://www.krone.at/krone/S25/object_id__119568/hxcms/index.html

25.10.2008

Wir waren in China. Es war ein buntes Bild, das sich uns bot, viele geschäftige Leute gab es und alles wirkte wirklich bunt. Ich war an einem Ort, an dem mit Lebensmitteln etwas gemacht wurde. Man tat sie in Wasser, wusch sie und sortierte die kaputten Früchte aus. Ich glaube es waren Früchte. Anscheinend fehlte eine Arbeitskraft und so sprang ich kurzerhand ein. Allerdings machte ich alles falsch. Man erklärte mir wie es richtig zu machen sei, aber ich verstand kein Chinesisch. Dabei fiel mir auf, dass mir die Sprache missfiel. Sie klang ganz seltsam. Es fand sich zu meiner größten Überraschung jemand der Deutsch sprach.

Ein sehr freundlicher Mann meinte, wir sollten uns eine bestimmte Stadt ansehen (Name vergessen). Ich dachte, mein Hund sei arm, weil ich schon wieder so lange weg fuhr, aber nach China komme man nicht so leicht und wenn wir schon einmal hier wären, sollten wir die Gelegenheit nützen. Also fragte ich den Mann, ob man mit dem Bus fahren könne. Er

war beleidigt und wollte, dass ich ihn fragen
solle, ob er uns hinbringen könne. Das
verstand ich aber nicht, obwohl er es
mehrmals andeutete. Ich glaube M. stellte
dann endlich die Frage, die der Mann erhofft
hatte. Tatsächlich brachte er uns mit dem Auto
hin.

Es gab steinige Stellen und felsige. Ich meinte,
das sehe doch wie in der Türkei aus, aber M.
widersprach. Offenbar war Sommer, denn die
Rede war von großer Hitze, die aber überall
herrsche. Ich dachte an eine Temperatur über
40°C. Innerhalb eines Gespräches wurde
geklärt, dass Englisch unsere gemeinsame
Sprache sei. Da dachte ich kurz, der Mann sei
gegen China gerichtet und für den
englischsprachigen Westen, also entweder
England, oder USA. Das war nur ein Gedanke.

Weil er uns einen Gefallen getan hatte,
erwartete nun er von uns, dass wir, oder ich
ihm einen Gefallen tun sollten. Was das war
wusste ich nicht, oder ich habe es vergessen.
Jedenfalls fragte ich, ob man mich dafür
vielleicht einsperren würde. Auch das deutete

auf eine Tätigkeit des Mannes hin, die gegen sein Land in der heutigen Form gerichtet war.

Es gab einige Szenen die ich nicht so genau einordnen kann, weil ich mir den Traum nicht bis ins kleinste Detail merken konnte. In einer Szene war ein Hund zu sehen. Er trug Halsband, Leine und Beißkorb. Der Beißkorb war so, dass er nicht mehr richtig sehen konnte. Das war eindeutig Tierquälerei. Anscheinend war er ein Wachhund. Eine andere Szene beschäftigte sich mit einer angeleinten und geschminkten (?) Katze. In einer Szene sah ich junge Frauen die kleine Briefchen hatten, in denen Rauschgift war.

2. Traum

Es gab eine Veranstaltung, bei der Kinder quer durch eine Straße tauchen mussten. Wieso das so war weiß ich nicht, jedenfalls stand die Straße unter Wasser. Aber auch Autos fuhren, allerdings nicht quer, sondern normal, der Länge nach. Dann gab es noch einen riesigen Gegenstand, so groß wie eine halbe Breite der Straße. Er sah ähnlich aus wie eine große Tonne. Dadurch war es teilweise sehr schmal.

S. nahm daran teil, war aber wohl nicht sie
selbst. Auf einmal verschwand sie und ich
konnte sie nicht mehr finden. Nun bekam ich
Angst sie könnte ertrunken sein. Weil ich
diesbezüglich einmal einen seltsamen Traum
gehabt hatte und regte mich auf. Es sei schon
nichts passiert, meinten die Verantwortlichen.
Dabei donnerten die Autos über die Köpfe der
Kinder hinweg, die dort tauchten. Ich merkte,
dass ich jemand anderer war und als ich dann
endlich S. wieder fand, merkte ich auch, dass
sie es nicht wirklich war. Ich dachte nun an
unsere kleine Nachbarin, bzw. ihre
Zwillingsschwester, denn sie schwamm super
schnell. "Iiiiiiiiiiiiiiiiiiiiiiiiihhhhhhhhhhhhhhh",
machte sie fröhlich, als sie ins Wasser sprang.
Dasselbe iiiihhh hatte ich zuvor schon von
jemandem gehört.

Es gab dann noch einige unwichtige Szenen,
die ich vergessen habe.

25.10.2008 um 18:05 Uhr: Heute war die "Krone" voll von China-
Themen. Sie war allerdings bereits erschienen, als ich den Traum
hatte.

Auf
http://www.kurier.at/freizeitundgesundheit/gesundheit/249587.php
gibt es einen Artikel über chinesische Kräuter die wie Marihuana
wirken. Ob das eine Übereinstimmung ist, kann man schwer sagen.

25.10.2008 um 18:07 Uhr: Ebenfalls auf
http://www.kurier.at/multimedia/bilder/249550.php Nachdem sechs
Menschen an Tollwut gestorben sind, haben die Behörden im
Südwesten Chinas die Tötung von mehr als 11.000 Hunden
angeordnet.
Könnte eine direkte Übereinstimmung sein, weil ein Hund im Traum
vorkam.

26.10.2008 um 12:21 Uhr: Sogar Telemax schrieb etwas, bei dem
China erwähnt wurde (war schon erschienen, aber nicht von mir
gelesen)

26.10.2008 um 12:23 Uhr: Auf ORF 1 lief in der letzten Nacht ein
Film, in dessen Verlauf ein kleiner Bub verschwand. Die Mutter
fürchtete, er sei ertrunken, denn er war zum Wasser gelaufen. Ihre
Befürchtung stellte sich als richtig heraus. Er befand sich unter einem
Boot.

27.10.2008 um 06:16 Uhr:26.10.2008 Kurier Seite 19. so ähnlich sah
es im Traum aus, als ich Gemüse sortierte. (Zehn Tonnen Gemüse
legten A1 lahm - Foto)

24.10.2008

Anfang vergessen. Anscheinend waren wir
Indianer und unsere Feinde auch. Wir
trennten etwas in unseren und deren Bereich.
Auch M. war da und fragte, was wir nun
machen würden. "Nun, wir werden einige von
denen umbringen müssen!", sagte ich und

wartete weiter gemeinsam mit den anderen.
Wir warteten auf den Feind, der uns
gegenüber saß. Ich war sehr sicher, dass wir
siegen würden. Es gab auch indianische
Waffen. Ich nahm kurz einen Bogen in die
Hand. Da sahen wir unsere Feinde noch nicht.

 Danach war ich auf einem Schiff und ich war
sicher nicht ich selbst. Zumindest zeitweise
identifizierte ich mich mit einer jungen Frau.
Als ich auf die Toilette gehen wollte kam ich zu
einem Raum, der nach unten gebaut war. Die
Klomuschel war also unter mir. Dort lag alles
mögliche herum, unter anderem gab es Müll in
großen Tonnen. Es sah aus, als habe jemand
Leichen darin versteckt. Eine junge Frau war
dort unten, die nun auf mich losgehen wollte.
Ich floh vor ihr.

Überall waren Leute in Uniformen. Ich glaube
ich hatte auch eine an. Viele von diesen
Menschen waren böse und für mich
gefährlich. Warum das so war, weiß ich nicht.
Ich versteckte mich, während eine Gruppe
außerhalb des Raumes stand. Sie unterhielten

sich. Wahrscheinlich sahen sie mich, oder sie ahnten, dass ich zuhörte.

Wir wollten, oder mussten weggehen. Dabei ging es um Schuhe, die jemand anzog, aber ohne Socken. Ich wollte Schlapfen, getraute mich aber nicht in den Raum, in dem sie standen, weil die bösen Leute in der Nähe waren. Schließlich wurde ich wach, weil ich wirklich auf die Toilette musste.

Ich legte mich wieder hin und begann wieder zu träumen, obwohl ich wirklich noch total wach war. Es waren aber nur Traumfetzen. So sah ich beispielsweise einen großen Zettel, oder eine Tafel, auf der etwas geschrieben stand. Es waren riesige Blockbuchstaben und Zahlen, die keinen Sinn ergaben. Ich konnte sie deutlich sehen und dachte daran, sie zu lesen, um sie mir zu merken. Kurz merkte ich mir auch die erste Reihe, vergaß sie aber gleich wieder. Dann kam eine junge Frau, die ihren Namen nannte, den ich auch vergaß.

Zum Schluss dachte ich an den Namen Bettina D., wusste aber nicht was de Buchstabe D. bedeutet.

24.10.2008 um 11:56 Uhr: Jetzt, um ca. 11.30 Uhr war ich noch kurz etwas einkaufen. Ein dicker Mann, den ich vom Sehen her kenne, war auch gerade einkaufen. Er trug einen ausgebeulten Trainingsanzug und dazu Schlapfen ohne Socken. Gerade heute aber ist es kalt, in der Früh war Frost.

27.10.2008 um 15:57 Uhr:27.10.2008 15.50 Uhr, Werbung auf Kabel 1 für "der letzte Mohikaner". Dazu wäre noch zu erwähnen, dass ich vor kurzem auf Kurier at. das Buch "Lederstrumpf" erwähnt habe, weil ich meine, man müsse dieses Buch gelesen haben. Mir war nicht bekannt, dass dieser Film kommen wird, weil ich nie Fernsehprogramme lese. Ich suche die Filme sowieso nicht aus, weil ich alleine nicht fernsehe und wenn jemand da ist, sucht derjenige, oder diejenige den Film, oder den Sender aus. Ich habe also gar keinen Einfluss auf das was ich sehe.

27.10.2008 um 16:01 Uhr: Wenn es jetzt schon einen Bezug zu kurier.at gibt wäre noch zu erwähnen, dass jemand genau an dieser Stelle Sanduhren erwähnte, bzw. Bücher über Sanduhren. Jemand der solche Uhren sammelt. Gerade jetzt (27.10.2008 ca. 16 Uhr) läuft auf Kabel eins (die Werbung für den morgigen Film lief zwischendurch) King of Queens und da wird eine Sanduhr bei einem Spiel verwendet und auch direkt erwähnt, weil mit Hilfe dieser Uhr geschummelt wird.

22.10.2008

Unfertige Träume, schwer zu beschreiben. Es ging um die Konzentration die ich gestern begonnen und in der Nacht fortgesetzt habe.

Es entstand das Gefühl, meine Feinde würden
mental gegen meine Bemühungen kämpfen.
Der Rest waren unklare und undeutliche
Handlungen.

Der zweite Traum war zwar sehr deutlich und
klar, erinnern kann ich mich aber trotzdem
kaum daran. Es ging um meine kleineren
Krankheiten und darum, dass anscheinend
jemand davon lebte, auf eine bestimmte Art
und Weise das zu behandeln. Aber sicher bin
ich mir nicht.

21.10.2008

Ich war Krankenschwester in einem
Pflegeheim, oder in einem Krankenhaus.
Jedenfalls waren dort viele alte Leute mit
schlimmen Krankheiten. Obwohl ich wusste,
dass auch das jemand tun muss, gefiel mir das
gar nicht. Ich glaube dort wollte ich nicht
bleiben. Ich ging an den Leuten vorbei,
Richtung Ausgang. Sie riefen mir zu
"Schwester" und sagten etwas, das lustig war.
Eine Frau meinte, wenn sie früher krank war,
sagte sie "21" und schon war sie gesund. Das

könne ich nicht, antwortete ich. Ich zwang
mich dazu, mit ihnen zu reden, aber sie hörten
mir gar nicht zu. Dann verließ ich das Haus.

M. machte für uns Tiefkühlpizza. Er zeigte mir
welche Pizza für wen bestimmt war. Dabei
gingen wir gerade in die Bibliothek. Die Pizzis
würden inzwischen kalt werden, dachte ich
und wollte mich beeilen. Der Weg war weit.
Was ich nehmen wollte, wusste ich nicht.
Eigentlich wollte ich gar kein Buch ausborgen,
nahm es mir aber trotzdem vor. Ich wollte es
dem Zufall überlassen, was ich letztendlich
nehmen würde.

19.10.2008

Ich hatte zwei Träume. Vom ersten wurde ich
wach, weil ich extreme Angstgefühle hatte, die
auch nach dem Aufwachen noch spürbar
blieben.

Zwei gefährliche und auch sehr
unsympathische Männer drangen in unser
Haus ein. Ich glaube wir waren nicht wir
selbst, ich war vermutlich ein jüngerer Mann.

Es waren noch zwei jüngere Frauen da. Es gelang mir, die Männer in die Küche zu sperren. Dann dachte ich, da sind viele Messer, die könnten sie benützen. Ich warf den Tisch um, um uns vor ihren Angriffen zu schützen. Nach einiger Zeit waren sie im Zimmer und ich prügelte auf einen ein. Dann ging ich einfach weg und ließ die Mädchen mit den Männern zurück. Als ich wieder kam, waren alle verschwunden.

Ich bekam extreme Angst, denn alles war verändert worden, teilweise zerlegt und wieder drapiert. Große Zettel hingen herum und zwei riesige Kuscheltiere hingen irgendwo. Auf einem Zettel stand "du wirst deine Freundinnen nie wieder sehen". Die Männer hatten sich gerächt. Angst und Panik packte mich, als ich nach den Leichen suchte. Sogar in den Kuscheltieren vermutete ich sie, aber ich fand sie nicht. Kurz tauchte das Wissen auf, die Frauen seien eigentlich gut aufgehoben. Aber im Traum wusste ich das nicht. Ein älterer Mann stand da und schüttelte den Kopf, weil ich alle Spuren zerstörte, bei meiner Suche. Er war ein eher

dicklicher Mensch. Ich fühlte mich
verantwortlich, weil ich nicht die Polizei geholt
hatte, sondern weggegangen war. Dann rief
ich eine Nummer an. Sie begann mit 057, oder
ähnlich.

Im Wohnzimmer waren mehrer fremde, sehr
alte Möbel, die praktisch, aber nicht schön
waren. Wir hatten aber keinen Platz dafür.

18.10.2008

Ich fuhr in einem Bus (oder einer Tramway) ,
die Nr. war L 37, oder L 47. Den Rest vergaß
ich.

16.10.2008

Meine Feinde hatten mir die "Berechtigung"
für etwas weggenommen. Wahrscheinlich
handelte es sich im Internet um die
Berechtigung, etwas irgendwo schreiben zu
dürfen. Jetzt wollten sie mir diese heimlich
wieder geben und das sollte ich nicht

bemerken. Ich schaltete aber den PC nicht ein und da funktionierte das nicht.

14.10.2008

Ich war in einem Kaufhaus um Kleidung zu kaufen. Weil ich aber die Sachen für zu jugendlich für mich ansah, tat ich so, als sei ich im Auftrag anderer unterwegs und fragte die Verkäuferin, ob ich auch umtauschen könne. Ja, meinte sie, das sei möglich. Es waren knallige Oberteile mit Kapuze und kurzen Hosen dazu. Ich wollte eine lange Hose, aber es gab keine. M. war zwar mitgegangen, hatte sich aber von uns getrennt. Wer bei mir war weiß ich nicht, vermutlich zumindest eines der Kinder. Es wunderte mich, dass noch geöffnet war, denn es war fast 21 Uhr. Ich dachte schon die hätten sogar bis 22 Uhr offen, doch dann kam eine Durchsage, die Kunden sollten nun das Geschäft verlassen. Einige mussten mit Gewalt hinaus befördert werden. Manche standen nun draußen und wollten mit Gewalt wieder hinein. Sie schrien und drängten, wurden aber hinaus gedrängt. Eine Verkäuferin wollte, dass ich M. etwas sage. Den aber fand ich nicht mehr. Nun war ich draußen vor der Türe und rief ihr deswegen etwas zu. Worum es dabei ging, habe ich vergessen. Ich glaubte M. irgendwo zu sehen, aber er schien es doch nicht zu sein. Auf die Idee, ihn am Handy anzurufen, kam ich nicht.

Jemand sagte mir eine Telefonnummer. Ich hörte die komplette Nummer, die mit 84 84 begann, vergaß sie dann aber sofort, weil die Person sagte, jemand habe ihr eine falsche Nummer gesagt und diese Nummer dann auch nannte. Ich glaube es kam 0443 und zumindest eine 6 in einer der beiden Nummern vor. Ich sagte: "Sag doch nicht die falsche Nummer, sonst vergisst du doch die richtige!"

13.10.2008

Ich sah mein Auto stehen. Es klebte schon fast an einem Masten, oder einer Mauer, so dicht war es geparkt. Die Reifen waren total kaputt. So kaputt, dass man es von weitem sehen konnte. Mit diesen Reifen wollte ich nicht mehr fahren. Ich wollte M. anrufen, damit er jemanden schickt der sie austauscht.

11.10.2008

Bei unseren Nachbarn gab es anscheinend einen Todesfall. Zumindest glaube ich, es handelte sich darum. Jedenfalls wurden wir von ihnen eingeladen, nach Göteborg zu fahren; ich denke die Beerdigung fand dort statt. Ich wollte dieser Einladung Folge leisten und dachte daran Y. mitzunehmen. Dann aber dachte ich, das sei nicht möglich, weil sie zur Schule gehen muss.

Meine Gedanken kreisten um diese bevorstehende Reise und ich glaube, manches was ich sah, waren nur bildhaft dargestellte Gedanken. So sah ich beispielsweise den Sternenhimmel. Es sah wahnsinnig eindrucksvoll aus. Unzählige Sterne bildeten etwas ähnliches wie Wolken und manches schien sich zu Bildern zu ordnen. Vermutlich gleichzeitig sah, oder dachte ich an Bilder, die ich aus Büchern kenne und die den Sternenhimmel auch in tierische Bilder (Tierkreiszeichen) verwandelten, also in

mittelalterlicher Manier, wo zwischen
Astrologie und Astronomie noch nicht so recht
unterschieden wurde. Der Himmel schien zum
greifen nah. Es war tiefe Finsternis, gepaart
mit hellem Schein am Firmament.

Aber gleichzeitig überlegte ich, ob ich mit dem
Auto, oder mit dem Zug fahren sollte. Wollte
ich mit dem Auto fahren, müsse wohl M.
mitfahren, denn da müssten wir uns
abwechseln, weil der Weg viel zu weit war.
Deshalb tendierte ich eher zu einer Fahrt mit
dem Zug. Da war ich plötzlich auf dem
Grünstreifen der H. Str. Es waren mehrere
Leute da. Leider vergaß ich Details.

Ich habe mir nur eine Szene gemerkt: Wir
waren zu zweit. Später erkannte ich, dass wir
Großvater und Enkeltochter waren. Wir fuhren
hinter zwei Autos her, die an eine Stelle
kamen, wo es ganz gerade bergab ging. Erst
wunderten wir uns, dass beide Autos
anhielten, aber als wir sahen warum, wussten
wir nicht was wir tun sollten. Da bemerkten
wir, dass die anderen ihre Autos einfach hinten
hinab fallen ließen, denn anders kam man da

nicht hinunter. Dasselbe machten wir auch,
doch es spießte sich. Erst da merkten wir, dass
unter uns ein anderes Auto war und wir
mitgerissen wurden. Nun schwebten wir in der
Luft und versuchten uns zu halten; unter uns
beide Autos, wobei unseres nun eher wie eine
Decke wirkte.

10.10.2008

Es ging um meine Schlagader, die zum Gehirn
führte. [13]Da war etwas verkalkt (?) und das
sagte mir jemand. Ich wollte es nun von einem
Arzt entfernen lassen, wurde aber davor
gewarnt. Das solle ich besser nicht machen,
sagte diese Person, die meisten die das
machen würden, seien danach irgendwie
verblödet. Es sei besser, das über die Nahrung
zu korrigieren.

---

[13] 12.11.2008 Kurier Seite 17 "Dicke Kinder, enge Gefäße - Studie -
Die Halsschlagader fettleibiger Kinder sind durch Ablagerungen so
stark verengt.....

08.10.2008

Ich befand mich an einem öffentlichen Ort in Wien, aber alles sah anders aus. Also kann es sein, dass ich ganz woanders war. Mir gegenüber saß eine Gruppe Frauen. Das wirkte eher wie ein Gruppenfoto, irgendwie starr und unbeweglich. Sie wirkten auch distanziert und abweisend mir gegenüber. Ich versuchte mit ihnen ins Gespräch zu kommen, aber das war aus verschiedenen Gründen nicht möglich. Erstens lag es an ihrer Ablehnung, zweitens daran, dass ich nicht gut genug Englisch konnte.

Die Frauen waren jung, bis mittleres Alter und sie wirkten zum Teil eher dicklich. Alle waren europäisch, eher hell. Ich glaube sie meinten, sie seien Texanerinnen. Sie waren Touristen. Ich merkte, dass ich ihnen unsympathisch war, vielleicht war es aber auch nur ihre prinzipielle Geisteshaltung, denn es zeigte sich, dass sie allen anderen Menschen gegenüber genauso waren. Es kam nicht einmal ein normales Gespräch zustande. Auch Bu. war vermutlich da und versuchte mit ihnen auf englisch zu reden. Ich brachte keinen einzigen, richtigen und verständlichen Satz zusammen. Ein Kind war da, das ich bat, mich zu korrigieren, aber auch das half nichts. Mir waren diese Leute auch nicht sympathisch. Nach einiger Zeit mischten sie sich unter die anderen Leute und fielen deshalb nicht mehr auf. Sie sahen sich die Stadt an. Bald waren sie verschwunden.

Danach geriet ich an einen Touristen, der wahrscheinlich auch Amerikaner war. Er wollte ein Museum besuchen und fuhr mit meinem Auto, während ich neben ihm saß. Alles kam mir fremd vor. Kurz dachte ich, auf der Mariahilfer Straße zu sein, in der Nähe des technischen Museums. Doch dann war alles wieder fremd. Ich dachte, man dürfe dort gar nicht fahren. Alles wirkte steinig, fest gemauert und niemand außer uns fuhr dort mit dem Auto. Wie bei McDonalds gab es etwas, bei dem man vom Auto aus bezahlen konnte. Der Mann wollte Tickets kaufen und man wollte ihm welche für mehrere Museen verkaufen. Darauf reagierte er böse, denn er wollte nur in eines gehen. Auch für mich

kaufte er eines. Nun musste ich einen
Parkplatz suchen, während er ausstieg und
schon voraus ging. Anscheinend wartete er auf
mich. Ich dachte, man dürfe dort nirgendwo
parken, weil keine Autos zu sehen waren, aber
dann merkte ich, man könne kurz parken.
Allerdings ging mir das Benzin aus und ich
hatte auch keine Parkscheine. Zudem hatten
mir einige Leute viele Zehner herausgelockt
(Nachtrag - herausgeluchst) und die fehlten
mir jetzt, obwohl ich mich schon besonnen
hatte und sie nicht mehr hergeben wollte.

Ich glaube es war ein Militärmuseum, in das
der Mann ging und ich dachte, er sei vielleicht
Soldat. Er wartete umsonst auf mich, denn ich
kam nicht zurück. Ich hatte ihm zwei Zehner
gegeben, warum weiß ich nicht, die wollte er
mir nicht zurückgeben, aber einen fischte ich
aus seiner Brieftasche. Der zweite war
verloren. Ich fühlte mich betrogen und so war
es vermutlich auch. Er war also ein schlechter
Mensch. Alles was nun geschah wurde von
Amerikanern organisiert, die sich plötzlich in
großer Zahl in der Gegend herumtrieben.
Überall waren sie und ich erkannte sie auch.

Es war fast nicht mehr möglich jemandem zu begegnen, der ganz normal hier wohnte. Alle Begegnungen mit anderen Leuten waren künstlich "gemacht" und alle diese Leute gehörten zu ihnen. Deshalb dachte ich an einen Geheimdienst, oder etwas ähnliches.

Ich kam etwas mit dem Denken durcheinander, weil vermutlich alles gleichzeitig ablief (weil Träume ja nur Gedanken sind). Seltsam war auch, dass ich mich selbst sah. Also war ich vermutlich gar nicht diese Person. Es war eine junge Frau, fast ein Mädchen, helles Haar (eher blond), lang, glatt und herabhängend, schlank. Ich sah sie direkt frontal und dachte doch, das sei ich.

Jemand hatte mir/ihr eine Droge verabreicht. Ich/sie lachte blöde und sinnlos, die Zunge hing seltsam aus dem Mund, das stellte ich indigniert fest. Dann fiel ich plötzlich nach hinten und fremde Leute fingen mich auf. Dann verlor ich das Bewusstsein. Später überlegte ich, was sie während dieser Zeit mit mir gemacht haben könnten. Eine Frau in mittlerem Alter, eher älter, fiel mir besonders auf. Auch sie lachte wie irre und blickte mir dabei seitlich ins Gesicht. Sie gehörte zu den Bösen. Alle Leute lachten mit uns mit und alle waren böse und verschlagen.

Dann ging es plötzlich um B, der man ganz gezielt Homosexuelle zuführte. Sie wusste nicht, dass auch das gezielt ablief, ich aber schon.

Ich fuhr mit dem Auto und kam so zu einem kleinen Friedhof. Die Stadt erinnerte an italienische Städte, die schon sehr alt sind. Alles war gepflastert, es gab wenig Natur und alles wirkte eng. Mitten in der Stadt gab es einen kleinen Friedhof. Ich dachte ich sei in Wien und wunderte mich sehr. Er sah auch ganz seltsam aus. Auch dort war alles klein und eng, aber es gab Erde und Pflanzen. Etwas weiter weg fand ich ein kleines Lokal, das ein Museum war. Da mir die Amerikaner mein Geld mehr oder weniger aus der Tasche gezogen hatten, konnte ich nun nicht tanken.

Das Museum war auch eine Gaststube. An einem Nebentisch saßen zwei Männer, die sich mit uns unterhielten. Sie waren Homosexuelle und nicht mehr ganz jung. Ich saß wahrscheinlich mit B. an einem ziemlich rohen Tisch, der sich etwas weiter weg von deren Tisch befand. Dabei handelte es sich um ein mittelalterliches Puff für Homosexuelle. Ich wusste, dass man damals diese Leute entmannt hatte, wie das heute noch in Indien geschieht und sagte das den beiden Männern. Damit wollte ich ihnen auch Angst machen.

09.10.2008 Ich dachte dabei an den Begriff "herausluchsen" , habe ihn aber nicht verwendet. Kurze Zeit nachdem ich das notiert habe, sah ich im Fernsehen eine Szene, wo genau dieser Begriff verwendet wurde.

05.10.2008

Y. war krank, ging zum Arzt und ließ sich etwas verschreiben. Danach brachte man sie an einen seltsamen Ort und dort sollte sie übernachten. Es war mehr ein Bretterverschlag, ein primitives Holzhaus, innen nur mit Stroh ausgelegt. Die Leute hatten also kein Bett.[14] Ich machte mir Sorgen um Y. und holte sie einfach dort heraus, weil ich meinte, in dem kalten, zugigen Raum würde sie sich noch mehr verkühlen. Am nächsten Tag in der Früh könne sie ja wieder hingehen.

04.10.2008

Ich hatte ein großes Schwert und verlor die Klinge, wusste aber nicht wann, wo und wie. Dann musste ich die Klinge suchen, weil ich fürchtete, jemand könne sich damit verletzen.

03.10.2008

Nur kurz gedöst. Jemand sagte: "Können sie heute Murphy und andere (Dinge?) hinunter bringen?"

---

[14] 9.2.2009 Y. möchte unbedingt einen Futon, hätte dann also kein Bett.

08.10.2008 um 20:15 Uhr: Seit Montag ist Y. krank.

02.10.2008

Ich befand mich in einem öffentlichen
Verkehrsmittel. Vielleicht hatte ich geschlafen,
denn ich saß da und dachte offenbar nichts
Bestimmtes, stand auf und ging nach hinten.
Dort fand ich meine Tasche, die jemand
einfach dorthin gelegt hatte und wovon ich
nichts wusste. Ein junger Mann saß dort und
sah seltsam drein, als habe er etwas aus der
halb geöffneten Tasche gestohlen. Ich sah
nach und fand drinnen kein Geld mehr. Daher
beschuldigte ich ihn, es genommen zu haben,
konnte ihm aber nichts beweisen. Vor allem
schon deshalb nicht, weil ich mich nicht
erinnern konnte, ob überhaupt Geld drinnen
gewesen war. Dann begann ich nachzudenken,
wo ich die vermissten Dinge hingetan haben
könnte.

Zweiter Traum, total vergessen. Nur ein Satz
blieb mir in Erinnerung: Ich hatte
irgendwelche Schwierigkeiten gehabt und
musste etwas anders machen. Da las ich einen

Satz: "Es gibt Berechtigte und Nicht-
Berechtigte. Uli ist berechtigt."

01.10.2008

Einen richtigen Traum konnte ich mir nicht
merken. Es war vermutlich eher ein Gedanke,
der im Halbschlaf aufblitzte. Jemand las
vermutlich Inserate, wie die in der Kronen
Zeitung und fragte einen anderen, wer "die
Kutscherin", oder die "Frau auf dem
Kutschbock" sei.

30.09.2008

Ich erwachte aus einem Traum, weil der
Wecker läutete. Weil ich mich aber sehr
anstrengen musste wach zu werden, vergaß
ich den Traum und erinnerte mich nur an die
letzte Szene, die mir sehr seltsam erschien. Ob
ich tatsächlich Teil des Traums war, kann ich
nicht sicher sagen, aber wenn, dann befand

ich mich in Gemeinschaft einiger Leute, die
einen fröhlichen Eindruck machten und
gerade ein Gebäude betreten wollten.

Vielleicht fand dort drinnen ein Fest statt,
jedenfalls hatte ich das Gefühl, drinnen waren
noch mehr Leute. Es gab eine große Türe, die
offen stand und den Platz davor erleuchtete,
weil sie das Licht im Haus nach außen ließ.
Etwas weiter weg war es dunkel, ebenso oben,
auf den Dächern, oder Terrassen der Häuser.
Es war also Nacht. Als ich nach oben sah,
bemerkte ich B, die gemeinsam mit anderen,
die ich nicht direkt sehen konnte, auf einer
dieser Terrassen stand. Vielleicht war die
Entfernung zu groß, um ihre Stimme hören zu
können, jedenfalls hatte ich das Gefühl, ich
würde sie nicht hören. Trotzdem wusste ich
was sie wollte. Eigentlich erkannte ich sie
mehr an ihrer Silhuette, als an irgendetwas
anderem, denn sie war durch die Dunkelheit
auch schlecht zu sehen.

Vor einiger Zeit hatte sie ein Foto gemacht (im
Traum) und das sollten wir nun nachstellen,

damit die Leute, die sich an ihrer Seite
befanden, es sich ansehen konnten. Ich
glaube, elf (oder zwölf - das kann ich nicht mit
Sicherheit sagen) Leute sollten sich unten auf
eine bestimmte Weise gruppieren. Von oben
sah das dann aus wie auf dem Foto. Wir kamen
der Bitte gerne nach. Es war ein so seltsamer
Gegensatz. Unten das Helle, Fröhliche und
oben das Dunkle, Gedämpfte. Als schließlich
alles so halbwegs passte, ermunterte ich die
Leute, laut zu klatschen. Es entstand tosender
Applaus, der einen seltsamen Gegensatz zu
dem lautlosen Geschehen bildete. Etwas
weiter weg standen Menschen ebenfalls im
Dunkeln, aber man konnte sie erkennen.
Interessiert beobachteten sie die Szenerie und
beteiligten sich durch Klatschen an der
fröhlichen Kundgebung. B. ging mittlerweile
weg und ihre Begleiter auch. Ich hatte das
Gefühl, die Fröhlichkeit habe sie nicht
angesteckt.

28.09.2008

Jemand plante einen Anschlag mit etwas Flüssigem, das sich in einem Glasrohr befand. Wie groß es war, weiß ich nicht. Es könnte ganz klein, aber auch sehr groß gewesen sein. Ich sah einen LKW fahren, auf dem es sich befand. Ich wusste im Traum was das war, oder zumindest wie es reagierte. Vielleicht eine chemische Reaktion? Für diesen Anschlag sollten andere - wir - scheinbar als Täter fungieren. Es handelte sich also um eine Verschwörung. Ich glaube die Buchstaben CCCP tauchten in diesem Zusammenhang auf (gemeint SSSR). Anscheinend war es ein westlicher Geheimdienst (vielleicht die CIA?) der den Anschlag verüben wollte und so tun wollte, als seien die Feinde der USA die Urheber und Ausführenden. Das regte mich auf und das wollte ich natürlich verhindern. Deshalb schrie ich laut, ich, oder wir, seien das nicht gewesen, sollte sich der Anschlag tatsächlich ereignen.

25.09.2008

Es war kein normaler Traum, denn es gab
kaum Handlung. Auch diese wenige Handlung
vergaß ich eigentlich. Zentrum war die
Beschäftigung mit dem Thema: was ist Leben
und was ist Tod. Ich glaube es waren nur
Gedanken. Leben und Tod als Vorderseite und
Rückseite, also materielles Erscheinen und
nicht materielle Existenz, die zusammen
gehören und ständig wechseln. Dazu die
Überlegung was passiert, wenn keine Materie
da ist. Ob das dann der wahre Tod ist. Sich
also nicht inkarnieren können. Es fiel ein Wort,
das ich mir aber nicht gut merken konnte, weil
es so lang war und ich es noch nie gehört
hatte. Es klang so ähnlich wie "salaerbison",
"salerbizon". Das Wort scheint es nicht zu
geben. Ich habe das phonetisch geschrieben,
also es klang nicht englisch, auch wenn es so
aussieht. Es können auch mehrere Worte
gewesen sein, die wie ein einziges wirkten.
Vielleicht salär bison?

24.09.2008

Ich sah M. wie er die H. Straße hinauffuhr. Er war also wieder fast zu Hause und alles war wie immer.

(Anmerkung: der Traum kann sich so nicht erfüllen, weil er ohne mich nicht mit seinem Auto zu Hause ankommen kann. Er war im Ausland, weil seine Mutter starb.)

21.09.2008

Ich verbrannte viele Sachen in meinem Ofen. Was das genau war, habe ich vergessen. Ich wollte nicht, dass jemand davon erfährt, weil ich dachte, damit würde ich die Umwelt verschmutzen. Meine Mutter kam vorbei und auch ihr sagte ich nicht was ich verbrannte. Ganz sicher befand sich unter den Dingen ein alter Atlas, den ich schnell hinein schob und den ich im realen Leben besitze. Es brannte gut und ich schob immer wieder etwas hinein.

Dann rüttelte ich den Ofen durch. Dazu gab es einen integrierten Stab, der das Gitter bewegen konnte. Viele halb verbrannte Dinge fielen aber auch hinaus und begannen auf dem Boden leicht zu brennen. Erst wollte ich die Flammen mit dem Fuß ersticken, doch dann nahm ich doch lieber Wasser, weil es sonst nicht geklappt hätte. Seltsam war, dass diese brennenden Dinge sowohl vor, als auch hinter dem Ofen lagen.

Danach befand ich mich in einer riesigen Halle, in der früher ein lebhafter Handel betrieben worden war. Vermutlich war es ein Flohmarkt gewesen. Doch nun hatten Geschäftsleute den Markt umgestaltet, um ihre Waren gut verkaufen zu können. Es gab zum Teil sehr große Gegenstände dort. Was genau das war, weiß ich nicht. Zu ihrer aller Überraschung blieb das gute Geschäft aus. Zwar gab es einige Leute die sich dort umsahen, aber es waren wenige und sie kauften auch kaum. Sie verstanden nicht, dass die Leute das bunte Treiben lieber hatten, als

die starre Ausstellung und dass wohl auch die
Preise eine Rolle spielten.

20.09.2008

Ich hatte einen sehr umfangreichen Traum,
den ich mir nicht im Detail merken konnte. Es
ging dabei um einen Kriminellen, der andere
Menschen tötete. Ein Mann der ihm in die
Hände fiel, tötete sich selbst, indem er dessen
Hand, in der er eine Pistole hatte, auf seine
Brust legte und abdrückte. Eine andere Szene
beschäftigte sich mit zwei Männern, die
zufällig in die Geschichte gerieten. Einer
machte den Vorschlag, ums Leben zu spielen.
Es gab dann irgendein Spiel und er gewann
für sich und seinen Freund das Leben. Doch
schließlich gelang es mir, dem Mann die Waffe
abzunehmen. Wahrscheinlich starb er, denn

ich wunderte mich, als er später im Traum
wieder als Lebender auftauchte.

M. bekam Besuch und ich meinte, der
Besucher würde doch sicher in der Wohnung
von R. übernachten. R. war noch heroben, also
war nicht Winter.[15] M. meinte, er werde erst
irgendwelche Leute anrufen, ob er dort
wohnen könne. Den Besucher sah ich nicht. Es
war auch nicht klar, ob er kam. R. war aber
damit einverstanden, was mich wunderte.
Aber alles sah anders aus, also war es nicht
wirklich in seiner Wohnung und er vielleicht
nicht er selbst. Ich legte mich zu ihm ins Bett
und kuschelte mit ihm. Da spürte ich plötzlich,
wie er sich erregte. Das wunderte mich, wo er
immer gemeint habe, er sei ein Ochse, nach
seiner Operation. Es wäre auch nicht richtig
gewesen miteinander zu schlafen, schließlich
waren wir verwandt und M. wäre eifersüchtig
gewesen. Ich dachte aber, es wäre gut für ihn,
wieder einmal einen Orgasmus zu haben. Ich
stieg aus dem Bett.

[15] R. schlief auch im Winter kurze Zeit „oben", also in unserem Haus,
weil er zu Hause keine funktionierende Heizung hatte. Die logische
Schlussfolgerung entstand nach dem Traum.

12.09.2008

Der Mann der mich schon lange Zeit über
immer wieder angegriffen hatte, tat nun so,
als wäre entweder nicht er selbst, sondern ein
anderer, oder er tat so, als habe ein anderer
das alles getan. Das wusste ich sofort. Ich sah
ihn wie er sadistisch grinste und meine
Abneigung wurde immer größer.

10.09.2008

M. und ich befanden sich an einem, mir aus
dem realen Leben fremden Ort. Auch er selbst
wirkte teilweise fremd, daher ist schwer zu
sagen, ob wir wirklich wir selbst waren.

Ich wollte weggehen. Er sagte etwas von einer
Liste und da wurde mir klar, dass er die
Traum-Negativ-Liste meinte, die ihm
Kopfzerbrechen bereitete. Er würde die Liste
nun suchen, das war vorhersehbar. Da ich
nicht wollte, dass er sie findet, suchte ich
zuerst einmal selbst.

Dabei stand ich auf einer sehr hohen Leiter,
immer in Gefahr umzufallen. Bald fand ich
auch einige Zettel, wobei ich auch Zettel
vernichtete. Unter anderem auch etwas das
ich vor langer Zeit dort oben deponiert hatte.
Es waren wahrscheinlich Fotos in einem
Kuvert.

Ein Mann tauchte auf, der ein Mädchen töten
wollte. Vielleicht gab es einen Zusammenhang
mit M. und mir und er wollte mir etwas antun.
Das kann ich auch nicht mehr genau sagen,
weil ich den Traum nur schlecht erinnern
konnte. Das begriff ich aber rechtzeitig im
Traum.

Ein Mann kam, der etwas suchte. Er war sehr
gefährlich. Auch hier ist unklar, ob es sich um
zwei gefährliche Männer handelte, oder nur
um einen. Die Leute in der großen Halle
glaubten, er würde etwas ganz anderes
suchen (vergessen was), aber er suchte
jemanden mit blauen Augen, oder blaue
Augen. Wahrscheinlich also nicht unbedingt
eine bestimmte Person? Auf dem Boden gab es
eine quadratische Öffnung, in der Wasser, oder

Schlamm war. Dort drinnen war eine Person, vermutlich ein Mann. Man konnte die Person kaum erkennen, weil sie mit Schlamm bedeckt war. Ich hielt diese Person für tot, doch dann bewegte sich die Hand und kam zum Vorschein. Wegen des Mannes musste ein Mädchen flüchten. Er wollte sie töten.

Wir lockten ihn an einen ganz anderen Ort. Er freute sich weil er dachte, sie sei dort irgendwo drinnen (in einem Haus?). Der Mann lachte fröhlich und sagte etwas (vergessen was genau), weil er dachte, sie könne ihn hören. Als wir ihm von weitem zusahen, lachten wir über ihn.

Gemeinsam mit dem Mädchen liefen wir zu einem Schiff. Offenbar waren wir an einer Küste. Es kamen der Hund des Mädchens und ein dunkler, kleiner Mann (jetzt nachträglich denke ich, er sah ähnlich wie der im Spital aus) nachgelaufen, der freundlich war und dem Mädchen nichts tun wollte. Ich war nervös, weil das Schiff so lange brauchte bis es endlich ablegte und fürchtete, der Mörder würde doch noch auftauchen, weil er seinen

Irrtum bemerkt hatte. Das war aber nicht der Fall. Sobald das Schiff sich vom Ufer entfernte, war das Mädchen gerettet.

10.09.2008

Ich bin mir nicht ganz sicher, aber ich glaube mich zu erinnern, dass ich jemanden verfluchte. Es waren, glaube ich, mehrere Personen. Noch etwas tat, oder sagte ich, aber das weiß ich nicht mehr.

03.09.2008

Ich sah einen großen Zettel, auf dem viele Zahlen standen. Das waren die Schulden, die M. beim Finanzamt hatte. Entweder konnte er sie nicht bezahlen, oder er wollte nicht. Ich glaube er konnte nicht, war mir aber auch im Traum nicht sicher. Anscheinend hatte ich mehr Geld als er, denn ich überlegte, ob ich

heimlich einige Schulden bezahlen solle.
Deshalb suchte ich die kleineren Beträge
zusammen. Wichtig war, dass er immer wieder
etwas bezahlte. Anscheinend wurde von ihm
gar nicht erwartet, die ganze Summe gleich zu
begleichen.[16]

31.08.2008

Ich träumte, dass unser Hund Flöhe hatte, die
aber uns nicht bissen. Einen hielt ich zwischen
den Fingern und warf ihn weg. Das
funktionierte auch. [17](Anmerkung: S. träumte
heute, ihre Katzen hätten Flöhe)

---

[16] M. hat mit Finanzamt und SV ein Abkommen über Teilzahlung
getroffen, gegen Ende 2008.

[17] Der Hund hatte Flöhe und die Katzen bekamen sie auch.

25.08.2008

Etwas war irgendwo falsch gestanden. Ich hatte es geschrieben, aber etwas war damit geschehen.

Zwei Frauen wollten bei uns etwas kaufen. Sie sprachen uns an, als wir gerade hinaus gingen. Ich erklärte ihnen, wir würden nichts verkaufen und ließ mir den Prospekt zeigen, den sie in der Hand hielten. Man konnte ihn auseinander falten und dort stand tatsächlich unsere Adresse. Es stand dort: "Fleisch für alle Konventionen" könne man bei uns kaufen. Erst dachte ich M. habe das dort inseriert, aber das war nicht so, das war uns bald klar, denn das hätte er gesagt, oder er hätte nicht unsere Adresse angegeben. Mir kam das nicht ungelegen, denn ich wollte unsere Feinde schon lange anzeigen, bekam aber nie etwas in die Hand, das dies ermöglichte.

Wohin ich dann ging, weiß ich nicht. Ein Mann sah sich das Inserat an und meinte, da es am 14. (oder 24.) geschaltet worden sei, sei irgendetwas Bestimmtes (vergessen was) und

da sei das nicht so schlimm. Ich war anderer
Meinung.

24.08.2008

Ich arbeitete in einer Buchhandlung. Um den
Umsatz anzuheben beschloss ich, so oft wie
möglich die Schaufenster neu zu gestalten.
Damit begann ich nun. Dabei verzichtete ich
auf so viele Beigaben, wie die bisher
verwendeten. Unter anderem hatte man
Papierschlangen genommen und es war
gerade Aschermittwoch, oder am nächsten Tag
war Aschermittwoch. Da tat ich sie gleich weg
und wollte auch keine mehr nehmen. Dadurch
wirkten die Schaufenster klar und
übersichtlich. Ich dachte, die anderen Filialen
müssten wohl jetzt auch den Umsatz erhöhen.

23.08.2008

Anscheinend hatte ich der Nationalbibliothek Spiele geschenkt, denn die bekam ich nun zurück. Erst dachte ich, dass ich diese Spiele selbst gebastelt hätte, aber sie waren sehr professionell ausgeführt, stellte ich erstaunt fest. Zum Teil existierten dieselben Spiele bereits in der Bibliothek. Ich sollte hin kommen und sie mir holen.

Es gab ein riesiges Gitter, das mechanisch nach oben gezogen wurde, wenn man einen Schlüssel einsteckte und drehte. Jemand machte das, aber es funktionierte nicht. Offenbar war der Schlüssel doch nicht der richtige. Man holte jemanden der dort angestellt war. Er hatte den richtigen Schlüssel, das Tor öffnete sich. Zwei kleinere Räume gab es dort. Einen der mich eher an eine Trafik erinnerte und einen sehr modernen, in dem die Spiele gelagert waren, die man mir nun brachte. Es war ein ganzer Stoß, was mich auch wieder überraschte. Bücher waren aber keine darunter.

22.08.2008

Ich hatte heute einen seltsamen Traum, in dessen Verlauf ich Leute Polnisch miteinander reden hörte, obwohl ich kein Wort Polnisch kann.[18] Im Traum konnte ich auch nicht Polnisch und deshalb verstand ich nicht, was sie miteinander sprachen. Eine Polin war mir sehr unsympathisch. Ich kann schwer sagen wie alt sie war, aber ich denke zwischen 40 und 60 war sie sicher. Ich konnte sie auch deutlich sehen, weiß jetzt aber nicht mehr wie sie aussah.

Entweder behauptete sie, bei mir zu wohnen, oder es war tatsächlich so; das weiß ich nicht sicher. Ich wusste davon und ärgerte mich darüber. Sie ging auf der Straße und begegnete einem Mann in mittleren Jahren, eher älter als jünger, der schwarze Haare hatte. Er fiel mir auf, aber ich wusste nicht warum. Die Frau lief ihm nach und sprach ihn

[18] *22.08.2008 um 10:52 Uhr:* Anmerkung. M. kann nicht Polnisch bis auf ein Wort "schuschu" (phonetisch geschrieben) und ich habe ihm den Traum nicht erzählt. Heute in der Früh sagte er, was er sonst nie sagt: "Ich gehe jetzt schuschu machen!"

auf Polnisch an. Er blieb stehen, dachte nach und antwortete zu meiner größten Überraschung Polnisch. Ich hatte nicht erwartet, dass er Polnisch sprechen kann. Anscheinend war er Pole, denn sie unterhielten sich ohne Schwierigkeiten miteinander. Eine zweite Polin tauchte auf. Sie war nicht unsympathisch. Diese Frau regte sich über die andere auf, weil die andere irgendeinen Vorteil dadurch hatte, dass sie meine Adresse irgendwo angegeben hatte. Denn das wurde ihr irgendwie positiv angerechnet, weil meine Adresse als vornehm galt. Es ging dann auch noch um eine andere Adresse, wobei ein Zusammenhang zu bestehen schien und dabei fiel ein sehr spezieller Ausdruck, den ich mir aber nicht merken konnte.

Die Frau argumentierte auf eine Art und Weise die nahe legte, sie wohne schon seit langer Zeit bei mir. Da mischte ich mich ins Gespräch ein und sagte: "Aber das ist doch erst seit ein, oder zwei Wochen so! Warum lügen sie?" Ich hob meine Stimme, weil ich sehr verärgert

war und sagte noch einiges in dieser Art, was
ich aber vergessen habe. Aus dem Gespräch
ging hervor, dass sie schon früher hier hätte
wohnen müssen, um Anrecht auf diese
Vergünstigung zu haben. So war klar, dass sie
log, weil sie diese Vergünstigung nachträglich
und damit zu unrecht einfordern wollte.

17.08.2008

In dem Traum war Bu. noch am Leben,
während R. verstorben war (zumindest gab es
ihn nicht). Die Situation war also umkehrt wie
im richtigen Leben. Der Traum ist schwer zu
erklären, weil manche Dinge nicht fest zu sein
schienen. So hatte sie in Hütteldorf ein Haus,
das aber zeitweise direkt neben unserem
stand. Dieses Haus sah zwar fast genau wie
unseres aus, war aber doppelt so groß, also
für doppelt so viele Personen gedacht. Beide
sahen fremd aus.

Nun waren wir ja doch mehrere Personen,
deshalb schlug ich ihr vor, die Häuser zu

tauschen. Alles sollte so bleiben wie bisher,
was Besitzansprüche betraf, nur der Wohnort
sollte gewechselt werden. Ich dachte nach, ob
ich in Hütteldorf auch so gut mit dem Hund
ohne Leine spazieren gehen könne. Das war
ein Problem, weil man in den Lainzer
Tiergarten nicht konnte. Aber was die Öffis
betraf, war dieses Haus besser erreichbar als
unseres. Erst verstand sie mich nicht, doch
nach einiger Zeit war sie einverstanden.

Als wir unser Haus verkauften, (ca. 2019) wurde im Internet ein Haus
in Hütteldorf angeboten. Das hätte ich gerne gekauft, aber wir sahen
es uns dann gar nicht an, weil M. lieber in einer anderen Gegend
wohnen wollte.

15.08.2008

Ich habe heute sehr viel geträumt, aber fast
alles vergessen. Einen Traum wollte ich
anscheinend nicht vergessen, denn ich
versuchte krampfhaft, ihn mir zu merken.
Obwohl es nur eine Szene war, fiel mir das

schwer, weil ich dazwischen wieder einschlief,
aber eben nur oberflächlich.

Es ging um eine Autofahrt, die ich machte.
Dabei fuhr ich zu weit an den rechten Rand
und musste deshalb Strafe bezahlen, weil die
Polizei mich dabei ertappte. Warum das
verboten war, sagte der Traum nicht, oder ich
vergaß es. Jedenfalls waren auf dem Boden
Markierungen angebracht und kurz tauchte
der Gedanke auf, ich würde damit ein altes
Bauwerk beschädigen.

03.08.2008

Wieder ein nur schwach erinnerte Traum,
obwohl mir das Ende des Traumes, seine
letzten Worte, tief ins Bewusstsein drangen.

Jemand wollte sich mit jemandem treffen und
ich sollte dort anrufen. Ich glaube beides
waren Frauen, es hatte auch irgendwie mit
Kinderbetreuung zu tun, denn jemand sagte,
der Bub esse so viel und das erkläre, warum

eine Frau ihn gerne los werden wollte. Die angerufene Frau wohnte sicher im 13. Bezirk. Zuerst wusste ich im Traum wie die Straße hieß, vergaß es aber im Traum dann wieder. Die andere wohnte vermutlich im 17. Bezirk. Wahrscheinlich war auch meine Mutter zeitweise da, aber sicher ist das nicht.

Ich rief an und sie fragte, wie das Treffen denn zustande kommen solle. Ich sagte, entweder würde die andere zu ihr kommen, oder sie zur anderen. Die Frau sagte nichts. Ich wusste nicht, hatte sie aufgelegt, war sie noch dran? Das ging mehrmals so. Ich dachte das sei immer jemand anderer. Immer wieder verstummte die Frau plötzlich. Wahrscheinlich rief sie dann mich an und nie kam ein normales Gespräch zustande, weil sie blöd war. Bei unserem letzten Gespräch sagte sie: "Die Stimmung!" [19]In diesem Moment merkte ich, dass sie ihre Stimme verstellte und ich immer mit derselben Frau gesprochen hatte,

[19] *04.08.2008 um 21:24 Uhr:* Ich lese gerade "dass sie die ganze Stimmung kaputt machen"

http://verschwoerungen.info/wiki/Tron

die jedes mal anders klang, um mich zu täuschen. Ich merkte aber auch, dass ich diese Stimme nicht wirklich hörte, sondern nur im Traum zu hören vermeinte.

02.08.2008

Meine Träume in dieser Nacht waren eher schwach ins Bewusstsein dringend, daher fehlen mir viele Details.

1. Traum

Ich fuhr mit einem öffentlichen Verkehrsmittel in einer Gegend, die ich aus dem Wachbewusstsein nicht kannte. Ob ich mich im Traum dort auskannte, weiß ich nicht. Mehrere Personen waren da, die ich vielleicht teilweise zumindest im Traum kannte.

Der Weg führte aufwärts und ich glaube, bin mir aber nicht ganz sicher, in eine Gegend, die nicht so dicht besiedelt und verbaut war. Mir wurde bewusst, dass ich nur wenig Geld in der Tasche hatte. Ob ich einen Fahrschein besaß weiß ich nicht, die Frage wurde aber aufgeworfen.

Wir stiegen aus. Ein seltsamer Mann kam auf mich zu und wollte etwas von mir, was ich aber vergessen habe. Ich glaube er war sehr schlank, nicht ganz hell, aber auch nicht ganz dunkel und eher in mittlerem Alter. Zumindest eine männliche Person war bei mir. Wir flohen vor dem seltsamen Mann. Ich sagte zu meinem Begleiter, es sei vielleicht besser nicht bergab zu laufen, denn das würde er wohl von uns erwarten und dann könne er uns einholen.

Es gab in unserer Höhe ein sehr großes Gebäude, in das wir gingen. Vielleicht gab es dort ein Restaurant, oder etwas ähnliches. Ein Mann empfing uns und begeleitete uns zu einem Tisch. Zu ihm sagte ich, er solle nicht verraten, dass wir hier seien, sollte ihn jemand fragen. Das machte ihn misstrauisch. Er kannte uns schließlich nicht und wusste nicht, ob wir die Bösen waren, oder unser Verfolger. Wahrscheinlich verriet er uns dann doch nicht, oder niemand fragte nach uns.

2. Traum

Es ging dabei um einen Mann, der etwas aus
einem Gewebe schuf, das er eigentlich hätte
vernichten sollen. Es war biologischer Natur
und wahrscheinlich grün, was mich wunderte.
Ob er daraus einen Menschen schuf, oder ein
Tier, weiß ich nicht mehr. Jedenfalls war der
Vorgang außergewöhnlich, aber verboten.

Danach gab es einen Kampf zwischen zwei
Männern, der vielleicht, aber nicht unbedingt,
in einem Zusammenhang zu dieser Sache
stand. Es waren Karatekämpfer, oder etwas
ähnliches. Auf dem Boden gab es Platten und
wenn einer der Kämpfer, oder der eine
Kämpfer, auf eine solche Platte stieg, ging ein
Licht an. Der zweite Mann konnte den einen
kaum treffen und schien ihm daher unterlegen
zu sein.

Nach einiger Zeit bemerkte ich, dass der eine
Mann, der unverwundbar schien, gar kein
echter Mensch war, sondern eine
Vorspiegelung, auf die der andere herein fiel.
Er kämpfte also nur gegen ein Bild, das sich

bewegte. Dieses Bild verschwand immer
wieder und tauchte an einer anderen Stelle
wieder auf. Einmal zwängte es sich sogar
durch den Fußboden nach oben und dabei
wirkte der Mann real, obwohl er es nicht war.
Man erkannte ihn an einem seltsamen Licht,
das mich an das Foto im Internet erinnerte,
auf das ich mich derzeit konzentriere. Endlich
schien der reale Mann zu verstehen, dass es
sich nur um eine scheinbare reale Person beim
Gegner handelte. Vielleicht war er aber
zeitweise doch real, nur war das schwer zu
unterscheiden. Als er ihn hätte treffen können,
tauchte plötzlich ein Baumstamm vor ihm auf
und er wusste nicht, ob dieser real war, oder
nicht, deshalb wagte er nicht, darauf zu
schlagen, denn damit hätte er sich verletzen
können.

29.07.2008

Eigentlich nicht direkt beim Einschlafen, es
war mehr ein Zwischending zwischen

Einschlafen und Meditation. Nur ein Satz, nicht gehört und nicht gedacht, sondern ein Zwischending, wo man weiß, dass man es nicht hören kann, weil man zu wach ist. "Mach in Abschiedsbrief Susi". Darüber grübelte ich, weil der Satz nicht korrekt ist und daher falsch interpretiert werden kann. Später kam noch ein "Ja". Aber ob das zusammen gehörte weiß ich nicht. Danach wurde ich so wach, dass ich nicht mehr einschlafen konnte, weil ich nachdachte, was das bedeuten könnte.

27.07.2008

R. gab zu den Geburtstagen immer mehr Geld her. Dann regte er sich aber darüber auf, weil er Angst hatte, er würde dadurch sein ganzes Geld verlieren. Er begann zu rechnen. Nach einiger Zeit wurde ihm klar, dass er das leicht zahlen konnte und trotzdem für seine Vorsorge genug übrig bleiben würde. Ich dachte nach, ob die Mutter von Susi noch leben würde, kam aber zu keinem Ergebnis. Ich fragte sie, aber sie gab keine Antwort. Ich machte mir um sie Sorgen, weil sie "keinen einzigen Menschen habe" (sagte sie einmal real wörtlich), außer ihrer Mutter. (Anmerkung: Ich denke, sie könnte ein Symbol sein und nicht sie selbst. Eigentlich heißt sie ja nicht so wie ich, den Namen bekam sie nur weil jemand anderer wie sie hieß, also zur Unterscheidung. Da ich schon mehrmals von ihr geträumt habe, obwohl ich sie seit Jahrzehnten nicht mehr gesehen habe, denkt sie entweder an mich, oder sie symbolisiert vielleicht mein eigenes, derzeitiges Leben.)

24.07.2008

Wir waren in einem Kaufhaus. Seltsam daran war, dass dort jemand mit dem Auto stehen blieb. Auch wir hatten ein Auto mit, das schlecht geparkt war. Also waren wir vermutlich zeitweise draußen, zeitweise drinnen. Ich sah mir alles genau an. Unter anderem kletterte ich irgendwo hinauf, um etwas noch genauer ansehen zu können. Es waren schwarz und weiß gemusterte Sachen, entweder gestrickt, oder gewirkt. Zahlreiche T-Shirts, aber ich glaube es gab auch Röcke. Davon nahm ich etwas beiseite, weil ich es kaufen wollte. Doch kurz danach fand ich mich an einem anderen Ort wieder und eine Verkäuferin kam zu mir, um zu fragen ob sie helfen könne. Da sah ich, dass alles was ich in der Hand hielt farbig war, mit Tüll und sehr verspielt, also für junge Mädchen gedacht. Ich legte eines nach dem anderen weg und meinte, das würde ich nicht nehmen. Entschuldigend meinte ich, das sei nicht für mich gedacht, obwohl das nicht der Wahrheit entsprach. Auch Sachen für Kinder sah ich mir an. Unter anderem einen kleinen Koffer mit Mickey Mouse,[20] oder Donald verziert. Zuerst dachte ich, da habe jemand auf die Zettel die drinnen waren geschrieben, aber als ich nochmals nachsah, war alles in Ordnung. Ich

[20] *04.08.2008 um 15:30 Uhr :*Gestern fand ich einen Kommentar in meinem anderen Blog. Als ich auf die Seite ging, fand ich dort unter der angegebenen Adresse, ohne lange suchen zu müssen http://www.blogigo.de/Reiki_GLENN/200808 ein Bild von "Donald Duck". (Eintrag vom 1.8.2008) Heute in der Kronen Zeitung auf Seite 24 ein Mensch als Mickey Mouse verkleidet.

glaube, ich war nicht ich selbst, denn einkaufen ist für mich blanker Horror, aber im Traum schien es mir zu gefallen. Auch M. war da und ich wollte, dass er mir etwas kauft, sagte dann aber nichts. Er sah sich auch etwas an, wollte es erst nehmen, ließ es dann aber doch. Die Kinder und der Hund waren mit. Sie waren noch klein, deshalb gehe ich davon aus, dass es fremde Kinder waren.

Der Hund war plötzlich weg. Ich erfuhr, dass M. ihm eine Schlaftablette gegeben und ihn dann ins Auto gelegt hatte. Als wir zum Auto kamen war der Hund total verwirrt und benahm sich seltsam. Auch er sah anders aus und erinnerte beinahe an einen Menschen. Auf dem Kopf hatte er sogar Schweißperlen, was bei einem Hund nicht möglich ist.

Wir warteten auf einige Mädchen, die drei Hunde bei sich hatten. Sie kamen nicht. Es waren Freundinnen unserer Kinder. Nach einiger Zeit wurde klar, dass sie einfach gegangen waren, ohne uns das zu sagen. Mindestens zehn Minuten warteten wir, dann sagte ich, jetzt sollten wir doch endlich fahren.

Während wir im Auto saßen sagte ich plötzlich zu M.: Wenn du dem Hund noch einmal eine Tablette gibst, bekommst du mit mir Probleme. Und wenn du das bei mir noch einmal machst, auch! Du verstehst schon was ich meine!" Er schien nicht zu verstehen. Da wiederholte ich etwas deutlicher was ich gesagt hatte. Ich würde ihm große Probleme bereiten, sollte er mir noch einmal heimlich eine Droge verabreichen, denn das hatte er vor einiger Zeit gemacht. Er sagte nichts, aber ich wusste, dass er verstanden hatte.

23.07.2008

Den Anfang des Traums vergaß ich. Ein Mann griff mich an und brachte mich in seine Gewalt. Ich glaube aber, dass ich "freiwillig" dorthin ging, wo er war, also nicht aufgrund physischer Gewalt. Ich hatte etwas, was für ihn wahrscheinlich gefährlich war. Ich glaube es war ein Foto von mir. In der Hand hielt ich einen Stapel Zeitungen, das Foto war

vermutlich irgendwo dazwischen. Ich gab ihm
alles. Eine Frau übernahm die Sachen und
ging damit weg. Wir warteten. Plötzlich fiel
mir ein, es handelte sich um den Kurier vom
letzten Sonntag. Daraus hatte ich ein großes
Rätsel gerissen, das für meine Mutter
bestimmt war und das nun fehlte. In
demselben Moment tauchte die Frau wieder
auf, weil sie auch das Fehlen bemerkt hatte.
Ich dachte, es sei vielleicht Telepathie, dass
ich genau in diesem Moment daran gedacht
hatte. Nun bekam ich Angst, der Mann würde
sich darüber aufregen. Ich sagte, ich würde
die fehlende Seite holen, weil ich glaubte er
würde annehmen, darauf hätte ich geheime
Nachrichten geschrieben, um jemanden dazu
zu bewegen, mir zu helfen. Es sei noch nichts
darauf geschrieben, meinte ich, davon könne
er sich überzeugen. Aber das interessierte ihn
gar nicht, weil es ihm ja um etwas anderes
ging. Das wurde mir nun erst wirklich
bewusst. Als ich danach aufwachte
beschäftigte mich die Frage, wieso das Foto
für ihn so wichtig sein konnte, wo es doch

eines von mir selbst war. Davon hatte ich
mehrere.

22.07.2008

Ich war weg gewesen. Als ich nach Hause
kam, richtete man mir aus, meine Ärztin habe
angerufen. Ich sagte: "Oh je, der Befund ist
schlecht!" Man fragte mich, wie ich denn
darauf käme und ich antwortete: "Sonst hätte
sie nicht extra angerufen!" (Bisher war ich im
realen Leben höchstens einmal von meiner
Ärztin angerufen worden. Ich erinnere mich
nicht mehr warum.) Also rief ich sie zurück.
Sie sagte: "Warum kommen sie nicht endlich
aus dem Untergrund heraus?" Sie sprach
weiter mit mir, aber ich erinnere mich nicht
was sie sagte. Ich kam auf die Idee, ich hätte
einen Tumor, oder etwas ähnliches, jedenfalls
etwas gefährliches.

Wir lagen noch im Bett, da wollte ich grundlos
unbedingt den Computer einschalten, obwohl

auch noch viele Gegenstände (Betten, oder Tische) davor standen. Ich kam kaum hin, schaltete aber ein. Dann war ich etwas verwirrt, weil ich den Bildschirm nicht sehen konnte. Er war nur verdreht. Es war auch nicht klar wie spät es war. Es dauerte lange bis ich feststellte, dass es schon 13 Uhr war. Und wir lagen noch immer im Bett.

Ich irrte herum und verirrte mich total. Schlimm war aber auch, dass ich gar nicht mehr wusste, wo ich überhaupt hin wollte. Vielleicht erst nach meinem Spaziergang, vielleicht überlagerten sich aber auch nur Gedanken und es war während des Spaziergangs, fragte mich B. wohin ich wolle. Sie könne mir vielleicht sagen wie ich dorthin komme. Aber das wusste ich eben nicht.

Es gab ein großes Gewässer. Ich dachte an die Donau, aber das war vermutlich ein Irrtum. Die Leute sprangen aus einer extremen Höhe ins Wasser. Das wollte ich nicht tun, schon alleine weil es sehr kühl war und da war sicher auch das Wasser eiskalt. Ich bemerkte

einen schmalen Steg, der in luftiger Höhe über
das Gewässer führte. Das erklärte, wie die
Leute von oben hinein springen konnten. Ich
ging weiter. Es war die ganze Zeit über relativ
dunkel. An einer Stelle konnte man - wie bei
einem Strandbad - in ein halb offenes Gebäude
gehen, das direkt vor dem Wasser stand. Es
gab dort Flamingos, die nervös herum
geisterten, vor allem weil hinter einer
Glaswand Kinder drängten, die von einem
Mann geführt, oder beaufsichtigt wurden. Ich
glaube es gab Orchideen, oder andere,
exotische Blumen die dort wuchsen.

21.07.2008

Gemeinsam mit einer Frau kämpfte ich gegen
Zombies. Sie waren überall und wenn man
einige zerschmetterte, tauchten die nächsten
auf. Viele sahen wie Tiere mit
Menschenköpfen, oder Menschentotenköpfen
aus. Einer war ein riesiger Krebs, oder eine
Krabbe. Er lag als Haufen herum und erhob

sich plötzlich. Ich hielt einen am Hals; er war kleiner als ein Mensch. Da schrie die Frau plötzlich, man müsse da gut aufpassen, sie wäre gebissen worden. Gleich danach wurde ich auch in die Hand gebissen.

Anmerkung: Ich ging nachdem ich das geträumt hatte in den Wald und wurde dort von einer Bremse, oder einem ähnlichen, grauen fliegenden Tier in die Hand gebissen. Es tat mehr weh, als normale Stiche von Insekten.)[21]

20.07.2008

Zwei Szenen eines Traumes erinnert, in dem die Hauptperson ein älterer, sehr großer Deutscher, mit weißem Haar war. Ich erzählte gerade jemandem, ich wäre so gerne in die Schären gefahren, aber das Geld hatte nicht gereicht. Dieser Mann ging an uns vorbei und als er auf gleicher Höhe war sagte er zu mir:

[21] Angeblich spürt man im Traum nichts. In diesem Traum scheine ich doch etwas gespürt zu haben, kann mich jetzt aber nicht erinnern. Ich erinnere mich aber an einen früheren Traum, in dessen Verlauf ich verglühte und da empfand ich einen unbeschreiblichen Schmerz.

"Das weiß ich jetzt schon!" Damit sagte er, sinngemäß, er habe das schon so oft gehört, ich bräuchte es nicht mehr wiederholen. Aber eigentlich meinte er, er würde mir ständig zuhören und deshalb wisse er alles was ich sagte. Ich hatte ihn schon zuvor gesehen und wusste deshalb, dass es tatsächlich so war und ich verstand auc, was er sagen wollte. "Das habe ich mir gedacht!", antwortete ich, um ihm damit zu sagen, dass ich es schon verstanden hatte, was da vor sich ging. Er lächelte und ging weiter. Also wusste jeder vom anderen, dass wir einander verstanden hatten.

In einer anderen Szene war er wieder anwesend. Ich befand mich in einem Raum. Ein Amerikaner kam herein. Vielleicht waren wir in den USA. Der Mann wirkte irgendwie gespannt und nicht sonderlich sympathisch. Er war jünger als der Deutsche. Ich glaube mich zu erinnern, dass er helles Haar hatte. Dunkelblond, oder hellbraun, so genau weiß ich das aber nicht. Er sprach mich auf Englisch an und wirkte ein wenig aggressiv.

Ich antwortete auf Englisch, ich könne kein
Englisch. Das schien ihn zu irritieren. Da sagte
der Deutsche zu ihm: "Deutsch sprechen will!"
Er meinte damit mich. Mir kam die
Satzstellung seltsam vor. Der Amerikaner
schien das aber zu verstehen. Er beruhigte
sich. Anscheinend dachte er, wir seien
verheiratet, zumindest kam der Gedanke bei
mir auf.

16.07.2008

Ich war alleine im Ausland. Wahrscheinlich
war ich in Rumänien und/oder Bulgarien.
Zuerst war ich in einem Hotel. Das bezahlte
ich. Danach nahm ich den Bus und fuhr
einfach so herum, vergaß dabei die Nummer
und machte mir nun Sorgen, wie ich wieder
zurück finden solle. Abgesehen davon fehlte
mir das Geld um noch weiter ein Zimmer zu
bezahlen. Für so kurze Fahrten mit dem Bus
schien das Geld gerade noch zu reichen. Zum
Glück fand ich Schlüssel, ein Handy und noch

andere Sachen und als ich aus dem Fenster
blickte, bemerkte ich draußen einen Polizisten.
Zu dem ging ich und gab ihm den Fund. Ich
hoffte, er würde mich zum richtigen Bus
bringen. Was dann geschah war recht seltsam.
Ich schien gleichzeitig hier zu sein und dort
wo M. sich gerade befand, denn ich fragte ihn
persönlich, obwohl er zu Hause war, ob er
nach Ungarn fahren könne, also mir entgegen
kommen. Trotzdem schien die Entfernung
noch zu groß zu sein. Ich dachte, ich sei
vielleicht in Sofia, jedenfalls hatte ich mich
sogar wegbewegt, statt näher zu kommen.

12.07.2008

Ich war weg gewesen. Als ich wieder kam
wollten wir im Keller über eine riesige
Rutsche, die sehr flach war, rutschen. Doch
dazu brauchte man etwas aus Plastik, das ich
zu suchen begann, aber nicht fand. Aus
diesem Grund gingen wir durch den Keller, der
noch ein weiteres, unteres Geschoß hatte. Der

Keller war riesig, es gab in der Mitte eine
breite Straße, durch die wir gingen. Erstaunt
sahen die Leute sich um. In dem Keller
lagerten viele Sachen, alles sehr ordentlich
verpackt und in eigenen Abteilen. Unter
anderem gab es leere Flaschen, Maschinen
und Waffen, zumindest ein Gewehr konnte ich
erkennen. Als ich hoch sah, bemerkte ich zwei
riesige Figuren in der Ecke zur Decke hin, die
alt aussahen.

11.07.2008

Ich glaube wir waren in Prag mit dem Auto.
Alles war dort Parkverbot und so fuhren wir
etwas außerhalb der Stadt zu einer Frau, die
meine Bekannte kannte. Dort durften wir 2
Stunden bleiben, bis wir alles erledigt hatten,
was wir erledigen wollten.

Wir merkten zufällig, dass unsere langjährige
Ärztin gar nicht die richtige Ärztin war, weil
die richtige plötzlich im Raum war. Sie war

eine ältere Dame, eher schlank und ich
glaube, sie hatte ursprünglich schwarzes Haar.

Die Kinder waren vermutlich in der Schule.
Etwas sollte besichtigt werden und sie gingen
nicht mit. Sie sahen in ein großes Buch um zu
sehen, ob sie abgemeldet worden waren und
weil das nicht bei allen der Fall war, trugen sie
das selbst ein. Das würde die Lehrerin sowieso
nicht merken, dachten sie und gingen weg.

09.07.2008

Es war Sylvester. Wir kamen auf die Idee nach
China zu fahren. Ich glaube wir nahmen den
Zug, könnte aber auch ein Schiff gewesen
sein. Anscheinend befanden wir uns an der
Grenze (Anfang des Traumes vergessen).
Später tat uns diese Entscheidung Leid, weil
plötzlich ein furchtbarer Sturm losbrach, der
uns gefährdete. Uns geschah aber nichts und
so feierten wir in entspannter Atmosphäre mit
Sekt Sylvester.

08.07.2008

Ich unterhielt mich mit einer Frau, die
politisch sehr links stand, vielleicht
Kommunistin, oder linke Sozialistin. Ich
erwähnte einen berühmten Mann, ich glaube
es war Tucholsky, aber sicher ist das nicht.
Dazu nannte ich unabsichtlich eine falsche
Jahreszahl, weil ich gar nichts über diese
Person wusste. Aber die Zahl war so falsch,
dass es mir selbst irgendwie auffiel. Schon
vorher hatte ich mit jemand anderem ein
ähnliches Gespräch geführt. Allerdings weiß
ich nicht, ob ich diese Traumerinnerung
wirklich hatte, also ob ich das Gespräch
tatsächlich zuvor geträumt hatte, oder ob ich
nur scheinbar eine Erinnerung hatte, weil die
Traumhandlung das verlangte. Rückwirkend
sozusagen.

Die Jahreszahl war vermutlich über 2000, oder
jedenfalls nicht vor 1970. Die Frau glaubte
nun, ich hätte mir eine Blöße gegeben und sei
ihre Feindin. Sie wurde misstrauisch und
sagte so ungefähr: "Bist du damals auf mir

gestanden?" Damit meinte sie, ich hätte sie vielleicht "damals" (?) bespitzelt. Dabei kannten wir einander gar nicht. Also war sie entweder total blöd, oder paranoid, denn der klare Menschenverstand hätte ihr sagen müssen, dass es gar nicht möglich sei, was sie dachte. Ich rechtfertigte mich aber nicht, brauchte ich ja auch nicht, so absurd wie ihre Idee war. Dafür fragte ich sie, obwohl ich wusste was sie sagen wollte, was das bedeute "auf ihr gestanden". Sie wiederholte es aber nur, ohne etwas zu erklären und ich fragte sie mehrmals dasselbe, worauf sie wieder alles wiederholte. Das machte sie noch misstrauischer.

29.6.2008

Beim Einschlafen das Bild eines Pferdes gesehen, das jemand mit einem Aufzug (?) in einen Berg brachte. Es war so unruhig, dass er es wieder hoch bringen musste.

Danach Träume von Strindberg, aber alles
vergessen.

Ich konnte in meiner Fantasie bunte Bilder
sehen und produzieren, so wie mir das manche
Leute beschreiben die es können. (real kann
ich das nicht)

30.6.2008

Alle meine Kinder wollten im Ausland
studieren, aber Y. studierte noch gar nicht. Für
die anderen war das kein Problem. Zu Y. sagte
ich, sie müsse erst die Schule fertig machen.
Aber ob das genügen würde, wusste ich nicht.
Mir war nicht klar, ob es auch bei ihr so sein
würde. Allerdings gebe es auch andere
Möglichkeiten für sie, ins Ausland zu gehen,
z.B. Entwicklungshilfe. Kurz dachte ich, das
wolle ich vielleicht auch machen, aber ich
könne nicht, weil sonst der Hund alleine
bleiben müsse.

2.7.2008

Nur ein Satz, bzw. zwei Worte "Lindas
Ziehmutter". (Ich kenne niemanden der so
heißt.)

4.7.2008

Ein Mann sagte stolz: "Von hier aus werden
wir die ganze Welt retten!". Ich dachte das sei
der Ort, an dem ich mich gerade wirklich
befand. Das verstand ich so, dass gerade ein
großer Versuch (?) laufe, der das bewirken
sollte. Ich sagte zu ihm: "Du bist ein Trottel,
ihr werdet gar nichts retten!"

23.06.2008

Ich träumte, dass ich derzeit nicht so wie
bisher träumen kann, liegt an der Polizei, die
etwas tue, was mich daran hindere. Dabei war

auch dieser Traum nicht so, wie die
"normalen" Träume, obwohl er doch irgendwie
normal war. Das Ungewöhnliche daran war
eher, dass ich zwar die Aussage genau wusste,
die Details auch beobachtete, sie aber
dennoch nicht fassen konnte. Das ist schwer
zu beschreiben. Später hatte ich noch einen
Traum, der sich mit derselben Aussage
beschäftigte und der noch schwerer zu fassen
war. (Ob in diesem Fall tatsächlich die
"äußere" Polizei gemeint war, oder eine innere
Kontrollinstanz des Bewusstseins, weiß ich
allerdings nicht.)

14.06.2008

Heute träumte ich von einem leeren Raum,
der so extrem hoch war, dass man zwei Etagen
daraus hätte machen können. Das sagte ich
auch zu M. (?), der aber daran gar nicht
dachte, sondern daraus etwas machen wollte,
etwas wie ein Kaffeehaus, oder ein

Verkaufslokal. An den Rest erinnere ich mich
nicht mehr.

08.06.2008

Heute hatte ich einen diffusen Traum, der so
schwach ausgeprägt war, dass man gar nicht
wirklich von einem Traum sprechen konnte.
Zwei Punkte davon wurden mir so halb
bewusst. Einer war "der Narr", aus dem
Forum (real ein Username aus einem Forum),
der irgendwie im Traum auftauchte und das
zweite war das Gefühl, die Polizei sei
irgendwie im Traum erfasst worden. Das
wirkte ruhig und ernst, ich kann nicht genau
sagen was es war.

07.06.2008

Ich war in einem riesigen Haus, in dem viele
Kinder waren. Ob ich selbst ein Kind war, kann

ich nicht sicher sagen. Man bekam dort viel
geschenkt, auch das Essen war anscheinend
gratis, aber man musste rechtzeitig bei Tisch
sein. Ich sah die vielen Esstische und die
Kinder, die an den Tischen saßen. Natürlich
kam ich etwas zu spät und weil der Sessel
unter dem Tisch klemmte, weil die Tische blöd
zusammen gestellt waren, machte ich auch
noch Lärm. Aber niemand schien mich deshalb
zu belästigen. Ob ich auch etwas aß, kann ich
auch nicht mit Sicherheit sagen, weil ich
gleich danach wieder in dem Haus herum
ging.

Ich glaube, ich oder jemand anderer hatte ein
Hochzeitskleid an. Jedenfalls hatte ich ein
langes Kleid an, mit dem ich ins Wasser
sprang, denn große Teile des Raumes waren
voll Wasser. Ich dachte nach, ob ich damit
schwimmen könne, denn es war tief. So
gelangte ich zu einem Mädchen, das Anschluss
an Homosexuelle suchte, weil sie alleine nicht
ausgehen wollte und keinen Mann in ihrer
Nähe wollte, der sie belästigte. Das schien
nicht leicht zu sein. Ich ging mit ihr zu einer

ganzen Homo-Gruppe und fragte einfach, aber die Männer, die teilweise wie Frauen aussahen, waren eher zurück haltend. Einer wollte unbedingt mit mir tanzen. Das wollte ich nicht, weil ich nicht tanzen kann. Er aber bestand darauf und es wurde ein seltsames Gehüpfe meinerseits. Ich fragte, ob das ein Pasadoble sei. Danach gab es einen amerikanischen Tanz, der ähnlich wie eine Polka gehüpft wurde, immer in eine Richtung und dann wieder zurück. Das bekam ich so halbwegs hin.

Nun ging ich wieder weiter. Ich kackte in die Hose und genierte mich dafür sehr, konnte aber nun nichts mehr ändern. Niemand schien es zu riechen, deshalb war ich nicht ganz so unsicher.

Nun machte ich mich auf die Suche nach einem Badezimmer. Es gab auch wunderschöne Badezimmer, nur leider sah dort alles wie in einer großen Ausstellungshalle aus, d.h. alles war offen, einsichtig und frei zugänglich. Da konnte ich schlecht duschen, oder mich in eine

Badewanne setzen. Wie ich das Problem dann löste, entzieht sich meiner Erinnerung.

05.06.2008

Was mir heute passiert ist, habe ich vorher noch nie erlebt. Ich hatte zwar vor vielen Jahren einmal einen sehr lebhaften Traum, in dessen Verlauf jemand eine Handgranate in einen Raum warf und alle Leute dort zerfetzt wurden, aber das war eine Szene aus einem Film, die ich vorher gesehen hatte. Als ich wach wurde und wieder die Augen schloss, sah ich dieselbe Szene nochmals, obwohl ich total wach war und das wiederholte sich noch einmal. (real)

Aber heute träumte ich etwas, als ich gerade wach wurde. Es war ganz blass und ich vergaß es auch gleich. Während ich zur Toilette ging, träumte ich aber - ebenso blass - weiter. Ein Pferd wurde an Riemen hochgehievt und ein

Mann stand dabei und sagte etwas, was ich nicht mehr so recht mit bekam.

03.06.2008

Heute habe ich mir wieder "fast" einen Traum gemerkt. Ich weiß nicht, warum ich in letzter Zeit meine Träume meistens vergesse. Früher war das nicht so. Ich habe mir wieder nur einen Namen gemerkt. Jemand sagte: "Hadrigans Team".

30.05.2008

Ob die Personen wirklich sie selbst waren ist nicht ganz klar, weil ich mich nicht deutlich erinnern konnte, oder nicht deutlich visuell träumte.

Ich traf S. auf der Straße. Entweder war sie in Begleitung von Freunden und deren

Arbeitskollegen, oder ich sah die Leute einfach in ihrer Nähe. Zumindest ein Mann hatte rotes, oder rötliches Haar. S. ging auf der Straße und die anderen folgten ihr in einem größeren Abstand. Ich ahnte Schlimmes und dachte, Y. würde sich wieder aufregen deswegen, weil sie glaube, ich hätte nie Recht. Deshalb sagte ich nichts direkt, ging aber auch nach. Es gab eine Ecke, hinter der die Leute standen. Ich ging weiter. Sie kannten mich nicht und beachteten mich deshalb auch nicht. An der nächsten Ecke stand S. und sah nach hinten, zu den Leuten. Man hatte den Eindruck, sie alle versteckten sich voreinander. Es war ein seltsames Bild. Dann trafen sie einander doch und S. ging anscheinend mit ihnen mit in einen Raum. Ich hörte ein seltsames Klappern und lief hin. Es ging alles so schnell und es war ein so kurzer Zeitraum und trotzdem kam ich zu spät. Ein Mann hatte sie vergewaltigt. Alle ihre Freunde hatten dabei geholfen. Man hatte sie auf eine Bahre gesetzt und schob sie hinaus. Ich sagte: "Warum hast du nicht geschrien?" Sie reagierte nicht und wirkte total geschockt.

Der Mann saß nackt im Zimmer. Ich regte mich wahnsinnig auf, schrie und zitterte. Fast biss ich ihn in die Nase, hielt mich aber dann doch zurück. Er wirkte auch seltsam unbeteiligt. Abstreiten konnte er seine Tat nicht, denn die Situation war eindeutig. Er würde sich dafür verantworten müssen.

27.05.2008

Ich legte mich noch kurz ins Bett um dort zu warten, als ich den Computer aufdrehte um dann den Traum zu notieren, schlief aber ein. Deshalb kann ich mich nur noch sehr dunkel erinnern.

Wir wollten diesmal nicht mit dem Auto, sondern mit dem Bus auf Urlaub fahren. Als wir unseren Platz suchten, waren anscheinend schon alle Plätze besetzt. Es sah aber gar nicht wie in einem Bus aus. Nun fragten wir, wo wir uns hinsetzen könnten, aber es war nicht zu erkennen. Dann kam Polizei in großen Gruppen angelaufen.

Weil ich "scheiß Zeitung" geschrieben hatte, mokierte sich jemand über meine Ausdrucksweise.

25.05.2008

Jemand machte Y. Schwierigkeiten, weil sie in der Schule so oft gefehlt hatte. Es habe sie einfach nur nicht gefreut in die Schule zu gehen, meinte diese Person. Ich widersprach und sagte, es sei ihr wirklich immer schlecht gegangen. Nun wollten diese Leute das überprüfen und die Ursache dafür finden. Ich sah ihr verdünntes Blut in einem Gefäß. Das sah ganz eigenartig aus. Es war nicht richtig rot, sehr wässrig. Ich schüttete es in ein anderes Gefäß und schüttete dabei aus. Ich meinte, weil wir die DNA nicht sehen konnten, die wie Buchstaben aussah, oder aussehen sollte, könnten wir es in einem privaten Labor vielleicht machen lassen und dafür eben bezahlen.

Jemand sagte: "Da Reini!" Er hatte einen Song Contest verloren. Trotzdem arbeitete er jetzt für die Werbung.

Y. wollte Kleidung einkaufen gehen, weil es eine große Verkaufsausstellung gab. Ich sagte, ich hätte kein Geld dafür. Darüber sprachen wir nun.

22.05.2008

Ich kämpfte gegen eine Gruppe Leute, die anscheinend in unser Haus eingedrungen war. Wie die Situation entstanden war, sowie die meisten Details habe ich vergessen. Meine Feinde waren anscheinend in erster Linie Männer, aber es waren auch Frauen darunter und es waren eher jüngere Leute. Mein Kampf erschien ihnen aussichtslos, weil ich zwar nicht alleine war, aber alleine kämpfte. Sie machten sich über mich lustig, etwa indem sie schnell die Eingangstüre wieder öffneten, nachdem ich sie geschlossen hatte. So

versuchten sie mir zu zeigen, dass sie keine
Angst vor meinen Angriffen hatten. Doch dann
gelang es mir, jemandem einen schießenden
Stift abzunehmen. Auch da waren die Feinde
noch guter Dinge. Sie verschanzten sich oben,
in meiner Wohnung, während ich unten am
Gang war und so auch den Rücken nicht frei
hatte. Ich gab einen Probeschuss ab, der über
den Kopf der Person hinweg raste, der ich die
Waffe abgenommen hatte. Das war nicht ein
normaler Schuss, sondern schon fast eine
kleine Kanonenkugel. Das machte nun den
anderen Angst, aber noch immer lachten sie
über mich weil sie dachten, ich würde nicht
wagen wirklich zu schießen. Den zweiten
Schuss gab ich gezielt ab und verletzte damit
mehrere Personen, weil die Kugel durch den
Körper durch gehen konnte. Außerdem prallte
sie mehrmals von Wänden ab und setzte ihren
Flug fort. Beim nächsten Schuss traf ich
wieder mehrere Personen und diesmal sogar
einen der wichtigeren Angreifer, die Befehle
gaben. Er sah mich total erstaunt an und
konnte es kaum glauben, dass er getroffen
worden war. Ich hatte noch einige Schüsse,

mit denen ich sparsam umgehen musste, weil
es keine Munition für mich gab. Wie es dann
weiter ging, habe ich vergessen.

15.05.2008

Y. und S. schwärmten von demselben
Professor. M. regte sich auf. Er dachte, der
Prof. sei ein alter Mann. Es stellte sich dann
aber heraus, dass es ein junger Mann war. Ich
sah eigentlich zwei Männer. Einen ganz
jungen - ich glaube er hatte lange Haare - und
einen mittleren Alters.

14.05.2008

Offenbar waren wir auf der Flucht, aber wir
waren wohl nicht wir selbst. Wir waren auch
nicht alleine, sondern viele Leute flohen und
wo immer wir hin kamen, war alles verlassen.
Deshalb konnten wir uns mit Kleidung und

anderen Dingen versorgen. Einmal fanden wir
Goofy Figuren von Disney und noch andere,
ähnliche Dinge. Ich nahm einige für die Kinder
zum Spielen mit. Sie waren aber nicht einzeln,
sondern mehrere auf einer Platte
festgemachte. Irgendwo fand ich einen
versteckten Schlüsselbund, von dem ich mir
etwas versprach. Zeitweise fuhr ich mit einem
Rollstuhl, manchmal waren es sogar zwei
miteinander verbundene, obwohl ich nicht
behindert war. Man kam damit einfach
schneller voran. Ich dachte, die Leute würden
sich wundern, als ich - und auch andere -
plötzlich aufstand und mich ganz normal
bewegte (habe gestern eine Szene mit
Rollstuhl gesehen).

Irgendwo saß jemand wie bei einem Verkauf.
Dort mussten wir Gebühren für ebay bezahlen.
Das hatten wir anscheinend nicht immer
gemacht. Vorher schon, sagten wir und
zeigten etwas her. Direkt bedroht fühlte ich
mich nicht, aber etwas Arges schien doch
irgendwo statt zu finden, sonst wären wir
nicht geflohen.

12.05.2008

Beim Einschlafen begann ich zu träumen und merkte mir einen Satz teilweise: "Für eine Generalprobe von Nabucco"...

Ich ging mein Volk besuchen. Genauso - in diesem Wortlaut - träumte ich. Das Volk von dem ich abstammte, lebte ganz oben im hohen Norden. Ich dachte dabei an Finnland. Es waren Menschen, die an Eskimos erinnerten, aber ich glaube es war doch ein anderes Volk. Dort gab es nur sehr wenige Menschen, die verstreut über weite Gebiete lebten. Trotzdem waren sie sehr familiär und machten sich auf den weiten Weg, um uns zu begrüßen. Anscheinend war die Wohnung in der wir sie empfingen, aber unsere wirkliche. Sowohl Erwachsene, als auch Kinder kamen. In einem Dorf lebte nur noch ein Mann. Dieser übersiedelte nun ins zweite Dorf. Das sei normal, hieß es. Anscheinend starben die Leute aus.

Einer meiner Urgroßväter sei nach Holland
gegangen und habe dort eine Frau gefunden.
Deshalb war sozusagen die genetische
Vererbung so weit nach Süden gewandert. Der
Ahne hatte mit Schiffen zu tun. M. sagte,
einige Chinesen seien auch dabei. Er sagte
das, als hätten wir zum Teil gemeinsame
Vorfahren. Mich wunderte es nun nicht mehr,
dass ich Hitze nicht gut vertragen konnte.

Danach gingen wir mit mehreren Leuten auf
einer Straße. Es erinnerte an eine Demo, oder
ähnliches. Ein großes Haus mit flachem Dach,
oder Terrasse, passierten wir. Oben stand ein
junger, heller Mann, der lachend eine winzige
Fahne schwenkte. Ich sagte zu jemandem der
neben mir ging "Kurde". Das verstand er nicht.
Deshalb sagte ich "Kurd", Kurdi". Der Mann
mit der Flagge schien das zu bemerken und
schwenkte noch freudiger die Fahne.

Danach schien ich eher jugendlich zu sein und
unter Jugendlichen, die beaufsichtigt wurden.
Wir sollten im Freien übernachten. Ich war
sehr aufsässig, was diese Aufsichtspersonen

ärgerte. Es war aber nicht möglich mich
umzustimmen, weil ich zu selbstbewusst dazu
war. Wir sollten im Gras schlafen. Ich sagte,
ich sei nicht gegen Zeckenbisse geimpft.

Eine Frau sagte einen seltsamen Spruch auf,
den ich vergessen habe. So wollte sie mir mit
Umschreibung sagen, ich sei dumm.

Es gab eine Veranda aus Holzbrettern, auf der
ich hätte schlafen können. Die Bretter waren
nass. Ich suchte dann selbst eines. Wir wollten
miteinander schlafen und die vielen Leute
waren im Weg, also ließen wir es dann doch
bleiben. Auch S. war da und schlief auf dem
Boden. Ich schlief extrem gut, was mich
wunderte.

11.05.2008

Ich glaube wir waren in einer Burg, oder
einem ähnlichen, großen, alten Gebäude. Ich
habe fast alles vergessen. In Erinnerung blieb

mir nur, dass wir ein teures Auto hatten, das in einem großen Raum stand. Ich öffnete ein riesiges Tor, damit das Auto hinaus konnte. Draußen standen viele Leute.

06.05.2008

Heute hatte ich noch einen Traum, den ich aber vergaß, weil ich es eilig hatte. Ich erinnere mich nur noch daran, dass Elli (Nichte einer angheirateten Tante) und ihre Familie entweder da war, oder ich war bei ihnen. An den Traum erinnerte ich mich aber erst Stunden später, ganz plötzlich.

06.05.2008

Ich rief ein Kind immer wieder wie meinen Hund: "Basi". Es war relativ klein und hatte einen kleinen Roller bei sich. Es kam auch zuerst, lief dann aber wieder weg, weil es mit dem Roller nicht hochklettern konnte. Wir waren im Freien und es gab etwas ähnliches wie eine Abgrenzung, bei der es einen Durchlass gab, der aber einige Schritte aufwärts in steinigem Gelände ging. Ich wollte zwar helfen, doch es war schon zu spät. Das Kind lief zur Straße zurück und das war gefährlich. Es war Nacht, also dunkel und zum Glück fuhren nur wenige Autos. Ich rief das Kind immer wieder, aber es tat, als würde es mich nicht hören. Immer wieder schrie ich "Basi", dann wollte ich schon "komm endlich du blöde Kuh" rufen, tat es aber vermutlich nicht. Jedenfalls wusste ich nun, dass es ein Mädchen war.

Es waren viele Leute dort, wo das Mädchen hingelaufen war. Ich glaube es sah aus wie ein halb offener Tunnel, also parallel zur Straße offen, aber doch im Berg. Plötzlich donnerte ein LKW heran. Da bekam das Kind Angst und rannte in meine Richtung, aber nicht zu mir. Auf dem Boden war viel Wasser, sodass es mehr paddelte, als lief. Zwischendurch dachte ich - das war fast wie ein Kommentar zum

Traumgeschehen - ich müsse unbedingt jemanden verklagen, der an dieser Situation Schuld trug. Es kam mir fast vor wie ein Symbol für meine eigenen Erlebnisse.

05.05.2008

Kein Traum, sondern ein kurzes Bild, als ich nochmals einschlafen wollte, aber nicht konnte.

Ich sah jemanden durch die Luft fliegen, der einen Speer in der Hand hielt und dachte nach, ob das ein echtes mit dem Speer Fliegen sei, oder ob diese Personen nur an Schnüren hingen, wie das in chinesischen Filmen gemacht wird.

03.05.2008

M. und ich hatten heute zur selben Zeit einen ähnlichen Traum. Er erzählte mir seinen Traum, ich ihm meinen nicht.

Ich fuhr mit meinem Auto auf der H. Straße im unteren Teil. Vor mir standen viele Autos und dazwischen zwei Pferde - ein schwarzes und ein weißes. (Anmerkung: vor kurzem sah ich im Fernsehen so ein Gespann) Mir taten die Pferde Leid. Es war nicht genau zu erkennen, warum alle Autos dort kunterbunt durcheinander standen. Ich hatte mein Auto stehen lassen, weil ich nicht vorbei konnte. Nun ging ich dort herum und suchte nach einer Möglichkeit vorbei zu fahren. Aber die Fahrzeuge parkten sogar auf dem Grünstreifen. Alle Autos waren leer, es war kein Mensch dort. Ich drehte mich um, weil ich zurück zum Auto gehen wollte und merkte, dass plötzlich die Straße leer war, als wäre es ein Spuk gewesen. Hatte ich mir alles nur eingebildet? Oder hielt mich jemand zum Narren? Das war unwahrscheinlich, denn ich

hätte doch merken müssen, wären alle
Fahrzeuge plus Pferde weggefahren. Bin ich
schon so müde, dass ich träume wenn ich
wach bin, dachte ich, konnte diese Frage aber
nicht beantworten. Jedenfalls war die Straße
nun leer und mein Auto stand ganz weit oben,
dort wo alles vermeintlich begonnen hatte.

(M. träumte, er sei mit meinem Auto gefahren. Ein Jugoslawe sei
irgendwo mit seinem Auto schlecht gestanden. Es handelte sich um
ein Mopedauto, das er teilweise rammte und so zum Überschlagen
brachte.)

(Kurz danach sahen wir etwas im Fernsehen, auf einem Sender, den er
aussuchte und den wir normal nicht sehen (vergessen). Dort wurde
gerade eine Frau mit Mercedes gezeigt, die ihr Auto an einem Liefer-
LKW aufgeschlitzt hat.)

02.05.2008

R. kam mit B. (seiner verstorbenen Frau)
herauf. Anscheinend aber nicht, um hier
wieder den Sommer zu verbringen, sondern
auf Besuch. Er trug einen Anzug, was mir

auffiel, weil er fast nie Anzüge trägt, außer zu besonderen Anlässen. Ich half ihm den Anzug auszuziehen, um ihn in den Kasten zu hängen. Er zog dafür einen anderen Anzug an, der aber irgendwie seltsam aussah. Er war sehr hell, schien für den Sommer zu sein und er war sehr ungewöhnlich, aber ich kann ihn nicht beschreiben. Vielleicht war es mehr Tracht, oder so. Dann gingen beide wieder. Er sagte, er käme morgen, oder/und übermorgen. Da wurde es schwierig, weil ich nicht mehr wusste welcher Tag war. Zuerst dachte ich, es sei Mittwoch, weil er von Donnerstag, Freitag sprach. Das wäre logisch gewesen. Doch dann meinte ich, er käme doch morgen sowieso, denn morgen sei Freitag, da käme er ja immer. (Tatsächlich kommt er heute)

Es gab eine Unterhaltung über einen Zeitungsartikel. Ich las die Zeitung und dort stand, in einem Land, dessen Name ich vergessen habe, würden nun die Strände kilometerweit gereinigt. Da sah ich einen Strand und Leute, die dort putzten. Ich glaube, in Marokko und Tunesien sei das auch

146

so, sagte ich. Ein Kind fragte mich mehrmals
wo das sei, aber ich hörte schlecht und
verstand es nicht gleich. Dann wiederholte ich,
was ich gesagt hatte.

27.04.2008

Ich war mit meiner Mutter unterwegs. Wir
unterhielten uns über Geschäfte und darüber,
wie sie am Abend, wenn sie zusperren, die
Leute davon abhalten, noch schnell ins
Geschäft zu kommen. Da sagte jemand: "Du
müsstest einmal Sy. (ehemalige, verstorbene,
polnische Freundin meiner Mutter) sehen. Die
macht das ganz brutal." Da sah ich daraufhin
zwar nicht sie selbst, aber ihren Arbeitsplatz.
Was genau das war, ob es ein Geschäft war,
oder vielleicht die polnische Botschaft, konnte
ich nicht erkennen. Vor der Türe drängten sich
unzählige Leute. Gerade als ich vor der Türe
stand, wollten sie schließen, aber ich sagte,
wir kämen zu Sy. und da wurden wir beide
noch schnell eingelassen. Hinter uns krachte

aber die Türe ins Schloss. Ob dabei jemand verletzt wurde, war auch unklar. Es saßen einige Leute an riesigen Tischen und nahmen Bestellungen auf. Eigentlich war es ein Zwischending zwischen Bestellung und Kauf, wobei es um türkischen Schafkäse ging, bzw. um harten Käse. Ich sah unter anderem beide Käsesorten und kaufte und/oder bestellte. Da fiel mir ein, dass Sy. ja so gerne Käse aß und wir eigentlich für sie auch bestellen sollten.

26.04.2008

Ich war im Garten und schnitt die Bäume. Das war kein einfaches Unterfangen, deshalb überlegte ich genau was ich tun solle.

Der neue Nachbar hatte sich eine Gartenhütte aufstellen lassen. Es sah aber ganz anders bei uns aus als real. Hinter der Hütte war eine Wand. Eine Frau die mir fremd vorkam und die mich offenbar auch als fremd empfand, machte die Türe gerade zu. Deshalb bemerkte ich das Haus erst jetzt. Der neue Nachbar

fragte mich, wieso ich etwas (?) nicht getan
habe. Die ganze Welt habe auf mich geschaut
und gesagt, so etwas dürfe nie wieder
passieren. Da hätte ich etwas tun können,
damit ich nie wieder in eine derartige
Situation käme. Nun schien ich aber wieder in
einer ähnlichen, wenn auch nicht ganz so
schlimmen zu sein. Das wurde auch
dargestellt, es war aber so abstrakt, dass ich
es nicht fassen, oder mir merken konnte.
Vielleicht war ich ein Bub, mit dem er sprach.
Das ist aber nicht sicher, aber der Gedanke
kam kurz auf.

Im Verlauf eines Gesprächs erwähnte jemand
ein neues Tierhaltegesetz.

25.04.2008

Der Traum hatte mit Gars zu tun, aber ich
vergaß was genau das war. Wieder blieben mir
nur zwei Worte in Erinnerung. "Kosumo
Kotsumane" (oder Kodsumane?). Was das

bedeuten sollte, wusste ich nicht, auch nicht
wie es richtig geschrieben wird.

24.04.2008

Ich merkte mir gerade noch das Ende des
Traums, wobei es sich um ein Gespräch
handelte, das ich aber nicht mehr hörte,
sondern nur noch dachte. Es war ein Name. Er
lautete entweder Martin Schmidt (phonetisch
geschrieben), oder Martin Schmitz. Genau
konnte ich das nicht mehr nachvollziehen.

21.04.2008

Ich aß ein Eis. Jemand war in meiner
Gesellschaft, den ich aus dem realen Leben
nicht kenne. Entweder war es ein Gefängnis,
oder eine Krankenanstalt, in der viele Leute
waren, für die diese Person angeblich etwas
tat. Das geschah in Form einer Zeitschrift, die

herausgegeben wurde. Ob damit ein Gewinn,
oder ein Verlust verbunden war, erinnere ich
mich nicht. Ich wollte diese vielen Leute auf
ein Eis einladen, aber die Person machte mir
klar, dass das ungeheuer viel kosten würde.
Also ließ ich es.

Ich sah mir danach einen Film an, der sich mit
Parapsychologie beschäftigte. Auch andere
Leute sahen zu. Unter anderen ein Mann, der
an "Bennet", von Heroes, rein äußerlich
erinnerte. Er glaubte nicht, dass es PSI gibt
und deshalb wunderte ich mich darüber, dass
er auch zusah. Er schien mich zu beobachten.

18.04.2008

Den Anfang des Traums habe ich leider
vergessen. Eine junge Frau lag im Freien auf
dem Boden. Sie war bewusstlos, oder tot, das
wusste ich nicht genau, es schien mich auch
nicht sonderlich zu interessieren. Allerdings
bewegte ich ihren Körper, oder zumindest

entweder den Arm, oder das Bein. Sie lag
neben einem langen Holzstück, oder einem
dicken Ast. Es sah aus, als wäre sie irgendwie
eingeklemmt. Das wirkte seltsam. So wie ich
sie dann hinlegte, blieb sie wieder
bewegungslos liegen. Ich dachte nach und mir
kamen Gedanken über Misshandlungen in den
Sinn. Dann sah ich einen Hund laufen und
dachte nach, ob er in einem früheren Leben
ein Mensch gewesen sei und ob er
misshandelt werden würde.

Danach sah ich einen Mann, der einen Buben
zu schlagen schien. Ich überlegte, ob ich ihn
anzeigen solle. Da waren beide schon hinter
einem Haus verschwunden. Etwas höher
gelegen sah ich ein Haus, das in mittlerer
Größe war. Es war ein Gerichtsgebäude. Ich
wunderte mich, dass es so klein war. Auf der
vorderen Hauswand stand in riesigen
Buchstaben HARA HURA. Es kann sein, dass
das erste Wort nicht ganz fehlerfrei erinnert
wurde, denn da hatte ich Schwierigkeiten
beim Lesen. Ich dachte nach, was das
bedeutet. Das zweite Wort könne Hure heißen,

wegen der Ähnlichkeit, dachte ich, aber was
heißt Hara?

16.04.2008

Der Traum beschäftigte sich mit der Krankheit
von B. Er war nur schwer zu fassen. Kurz
tauchte die Frage auf, ob man daran sterben
könne. Anscheinend war das der Fall, aber das
schob ich weg, als käme das nicht in Frage. Es
ging irgendwie um die Bewegung im Darm, als
müsse etwas hinaus. Das konnte ich eben
nicht ganz fassen, obwohl ich es mehrmals
und immer wieder mit anderen Leuten sehen
konnte. So als wäre an einer Stelle etwas, das
hinaus transportiert werden müsse.

14.04.2008

Ich war in einem islamischen Land.
Anscheinend hatte ich dort Verwandte (die ich

aus dem Wachleben nicht kenne) und besuchte
sie. Ich trug etwas Transparentes und darüber
eine Weste. Die Weste war halb offen und als
ich die Arme hob, sah man meine Brust.
Darüber regten sich die Leute auf, sagten aber
nichts. Ab nun hielt ich die Arme vor die Brust,
irrte irgendwo herum und versuchte etwas
Passendes zu kaufen. Dabei hätte ich nur die
Jacke ganz schließen müssen, aber das fiel mir
erst später ein.

Eine Frau von der nicht ganz klar war ob ich
sie kannte, bat ich, mir etwas zu kaufen.
Details habe ich vergessen. Ich dachte nach,
warum sie sich über mich aufregten und
dachte dann an Prominente, bei denen so
etwas egal sei, oder über die niemand etwas
zu sagen wagen würde.

Anmerkung: In der Früh sah ich mir das Diskussionsforum
http://www.paranormal.de/nexus/view.php?nr=2344 und dort ist
Merkel zu sehen. Offensichtlich hat mich das Foto zu diesem Traum
inspiriert.

Wir waren entweder im Freien, oder sahen
zum Fenster hinaus. Ob es warm, oder kalt
war, weiß ich nicht mehr. Wahrscheinlich hatte
jemand eine Türe offen gelassen, oder es gab
einen Unglücksfall. Jedenfalls liefen plötzlich
lauter junge Tiere in der Gegend herum. Ich
glaube es waren auch kleine Eisbären (derzeit
wird viel über kleine Eisbären in den Medien
berichtet), ein kleiner Husky und noch andere
Tierbabys. Genaueres habe ich vergessen.

10.04.2008

Beim Einschlafen fiel mir immer wieder der
Name Wellington ein (ohne jeden
Zusammenhang).

09.04.2008

Ich wollte an einem Wettbewerb teilnehmen.
Deshalb malte ich ein Hinterglasbild. Es war

sehr klein, rechteckig und es war sehr bunt, aber man konnte nicht genau erkennen was es sein sollte. Ich konnte nichts deutlich malen, weil es zu klein war. Damit ging ich an einen Ort, an dem viele Leute waren. Eine Frau hatte ein sehr ähnliches Bild wie ich gemalt, ebenso bunt, aber man konnte angedeutet die Brüste einer Frau erkennen. Eigentlich waren es zwei Kreise mit Punkt in der Mitte. Das missfiel mir sehr, weil ich dachte, das Bild sei besser als meines und deshalb würden sich meine Chancen auf einen Gewinn verringern.

07.04.2008

Es war als würde ich eine Nummer lesen, den vorhergehenden Traum hatte ich bereits vergessen, weil ich schon zu wach war. Ich sah die Nummer auch nicht mehr, wusste sie nur noch. 603479

Vorne an der Ecke gab es früher einen Greißler, der schon lange zugesperrt hatte. Er ist schon lange tot. Ob seine Frau noch lebt weiß ich nicht. Jedenfalls waren das die Zeiten der Großeltern. Jetzt wohnen dort die Nachkommen. Diese Greißlerei wollte ich nun kaufen. Auch Brot wollte ich verkaufen, deshalb begann ich schon zu backen. Ich wollte gute Rezepte finden. Mehl hatte ich, auch Vollkornmehl. Ein kleines Kochbuch enthielt solche Rezepte. Es war aber schwierig, weil es noch zwei Teile gab und die Zahlen dorthin verwiesen. Einen Anhang und die Hälfte jeder Seite war Zusatz-Rezept. Die Zahlen vergaß ich auch im Traum immer wieder. Deshalb blätterte ich ständig vor und zurück und hatte damit große Schwierigkeiten. Das Brot war gut, aber ich hatte das Gefühl es käme zu teuer. Einen neuen Ofen würde ich brauchen, einen größeren.

05.04.2008

Eine kleine Gruppe Menschen baute eine Atombombe. Sie hatten für die Bombe einen speziellen Namen, den ich aber vergessen habe. Jemand wusste darüber etwas und sollte deshalb ermordet werden. Ich weiß aber nicht wer das war. Ich sagte, verglühen sei furchtbar schmerzhaft, aber das schien diese Leute nicht zu stören. Ich glaube, mich hätte das Zünden der Bombe direkt betroffen, deshalb wollte ich unbedingt jemandem davon erzählen, damit der Bau verhindert wird.

Es wurden Menschen bei uns hingerichtet. Unter anderem auch ein Politiker, aber auch B. und ich sollten hingerichtet werden. Das geschah auf eine seltsame Weise. Die Leute mussten sich hin knien, so ähnlich wie beim mohammedanischen Gebet. Dann stieß ihnen jemand einen Pfahl aus Holz in den Anus. Dabei sah ich zu und verhielt mich ganz ruhig. Bei manchen Leuten ging es sehr schnell und anscheinend war die Prozedur immer schmerzlos. Aber bei manchen wurde

mehrmals zugestoßen, weil der Pfahl nicht tief
genug eindrang, um den Delinquenten zu
töten. Es waren mindestens zwei, oder drei
Männer, denen ich so beim Sterben zu sah.
Eine Frau (ich schätzte sie über 40 Jahre alt,
eher untersetzt, mit kurzem, fast struppigem
Haar, entweder angegraut, oder blond
durchzogen, die sich freundlich gab, wollte
mich zur Hinrichtung bringen. Sie führte mich
auf die Straße und wollte den Wirtschaftsweg
hinunter gehen. Da wurde ich plötzlich
renitent, was sie offenbar nicht erwartet hatte,
schrie sie an und begann damit, sie zu
beleidigen. Ich wurde sehr persönlich,
bezeichnete sie als hässlich und
unsympathisch. Dann schrie ich, ich hätte
geträumt, ich würde sehr alt werden, sie
könne mich nicht ermorden, denn was sie tue
sei glatter Mord. Ich sei unschuldig und das
war ich auch, ebenso wie B., die gar keine
Ahnung hatte was da überhaupt vor sich ging.
Dann dachte ich, vor kurzem hätte ich einen
interessanten Traum gehabt, aber den würde
ich ihnen nicht erzählen, weil sie uns
umbringen wollten. Die Frau war perplex,

nahm ein Sprechgerät und flüsterte etwas
hinein. Man müsse das anscheinend
verschieben, meinte sie, weil ich mich so
aufregte. Wo man mich aufgegriffen habe,
wollte sie wissen. Die Person am anderen
Ende schien zu sagen, man hätte mich
gefesselt im Hause eines Pärchens gefunden
(das man offenbar auch umbringen wollte).

Wir waren in der Türkei und ich hielt die
Leute dort für Verwandte, obwohl ich
niemanden aus dem realen Leben kannte. Im
Traum kannte ich sie, oder sie wurden mir als
Verwandte vorgestellt. Es waren einige Frauen
und deren Kinder. Die Wohnung war sehr
groß, aber trotzdem war alles sehr eng, wegen
der vielen Leute. Wir drängten uns auf
engstem Raum, überall standen Betten, wobei
einige nur Notbetten waren. Ich legte viele
Decken und Pölster zusammen. Die Kinder
gingen in eine nahe Kirche.[22] Es hatte

---

[22] 06.04.2008 um 14:52 Uhr: Y. kam gestern spontan auf die Idee, in die Kirche
in Mödling zu fahren. Ich sagte zu (somit habe eigentlich ich diesen Traum
erfüllt) und wir fuhren nach Mödling. *Vor dieser Kirche wurden während der
Türkenkriege fast alle Bewohner getötet, wer nicht getötet wurde, wurde
verschleppt.*

irgendetwas mit Jesus zu tun. Dort lernten sie
Lieder, die sie dann auf dem Rückweg sagen.
Es waren deutsche Kinderlieder, eines kannte
ich und ich sang mit.

04.04.2008

 Ein Künstler unterhielt sich mit mir. Er freute
sich, weil ich mich wirklich für Kunst
interessierte und wollte mit mir ins Museum
für angewandte Kunst gehen. Wir befanden
uns in einem Raum, in dem Bilder und
ähnliches ausgestellt waren. Einiges davon
stammte von ihm. Er machte mit seiner Kunst
politische Aussagen. Der Mann erklärte mir,
was er damit ausdrücken wollte. Er wandte
sich aber auch gegen andere Aussteller, die
wirklich nichts zu sagen hatten.

03.04.2008

Ein kleines chinesisches Mädchen hielt mir ihre Strickerei hin und wollte, dass ich ihr helfe. Es war ein furchtbares Gemurkse, das sie da produziert hatte. Ich ärgerte mich, weil ich selbst nicht mehr wusste wie man das macht, aber es gelang mir dann doch "anzuschlagen", also Luftmaschen zu machen. Dann ging es leicht weiter.

02.04.2008

Ich hatte ein Krokodil[23] gefunden und nahm es mit. Es war gefährlich und ich hatte deshalb Angst, es könne jemanden beißen. Deshalb brachte ich es bei R. unter. Nun hatte ich Angst, es würde vielleicht ihn verletzen und dann wäre ich daran schuld. [24] [25] [26] [27]

---

[23] *02.04.2008 um 18:05 Uhr:* Am 1.4.2008, also VOR dem Traum fand man in der Kronen Zeitung folgenden Artikel: Norwegen: Unbekannte stahlen Krokodil aus Zoo.

Entweder sagte jemand, oder mir fiel einfach der Satz ein: "Eine lange Woche Missbrauchs. Ich bin eher chancenlos. Ein slowakisch/bayrischer Freund!" Ich vergaß in welchem Zusammenhang diese Sätze standen.

B. rief an, sagte dann aber nichts. Ich hatte Angst, etwas Schlimmes sei passiert. [28]

[24] *03.04.2008 um 19:52 Uhr:*3.4.2008 Krone Seite 8
Foto des Krokodils, das wieder zurückgebracht wurde

[25] *03.04.2008 um 23:19 Uhr:* http://www.krone.at/ 3.4.2008
Mit einem wagemutigen Sprung auf den Kopf eines Krokodils hat ein Australier seine Frau aus dem Maul des Tieres befreit. Die 36-Jährige stand am Ufer eines Flusses, als das etwa zwei und ein halb Meter lange Reptil zuschnappte, sie am Bein packte und ins Wasser riss.

[26] *04.04.2008 um 17:10 Uhr :*Kronen Zeitung 4.4.2008 Seite 8
Foto - Krokodil

[27] *06.04.2008 um 14:49 Uhr:* Krone bunt 6.4.2008 Seite 16 Foto - Krokodil

(eine wahre Krokodilschwemme in der Kronen Zeitung)

[28] *02.04.2008 um 20:11 Uhr :*Anmerkung: Heute erzählte mir B., in dieser Nacht von einem Anruf geträumt zu haben. B. rief jemanden an und der sagte, es sei zu spät, um zum Arzt zu gehen. (B. war heute beim Arzt)

Jemand führte uns in einem Wohnhaus herum.
Ich sagte zu M. jemand habe gesagt, es gebe
gar keine Tschetschenen. Er widersprach und
meinte, er kenne sogar welche. Wir wurden
von Bewohnern interessiert beobachtet. Unser
Anführer führte uns hinaus, weil er zu faul war
um Stiegen zu steigen. Von außen konnte man
dann wieder ins Haus, aber in einem unteren
Geschoß. Dort waren Leute, die Sex hatten. Es
waren mehrere Pärchen. Das interessierte
mich nicht, aber die Frage, ob sie Kondome
benützten. beschäftigte mich. In diesem
Zusammenhang fiel das Wort "Verhüterli".
Anscheinend hatten sie welche. Seltsam war,
dass in den meisten Fällen die Frauen welche
verwendeten. Wie das möglich war, wurde mir
nicht klar. Es ging nicht bloß ums Verhüten,
sondern auch um mögliche Krankheiten. Ich
sah viele Kondome.

Als Corona (2019/20) tobte, kaufte ich beim Museum für Bestattungen
ein "Corona-Verhüterli". An den Traum erinnerte ich mich nicht mehr.

01.04.2008

Ich unterhielt mich mit den neuen Nachbarn.
Unter anderem sprachen wir über meinen
Ofen. Ich habe real keinen, aber R. hat einen,
vielleicht war der gemeint? Er habe keinen
Rost an dem Ofen (oder in ihm?) gesehen,
meinte der Nachbar und ich pflichtete ihm bei,
obwohl ich kurz ein Stück rostiges Metall sah.
Offenbar in dem Moment, in dem wir darüber
sprachen. Also war es ein sichtbarer Gedanke.

31.03.2008

Ich war auf einem sehr alten Friedhof, der
"Sternenförmig", oder "Strahlenförmig"
angelegt war (eines der beiden Worte wurde
verwendet). Meine Mutter war bei mir. Uns
folgte eine Katze. Ich sagte zu meiner Mutter,
sie solle ein Tor schließen, durch das wir
gegangen waren. Das war aber sinnlos und
mir wurde dies auch bewusst, weil ja überall
alles frei zugänglich war. Die Katze konnte
leicht über die Gräber springen. Mit der Zeit
wurde mir klar, dass ich träumte. Mir fiel ein,

dass ich diesen Traum schon zum 2. Mal hatte
(nicht real - Traumaussage). Da wurde mir
dann auch klar, dass das mit dem Tor Unsinn
war. Es war trotzdem unheimlich. Die Gräber
sahen seltsam aus, fast meinte man, es sei
Kulisse für einen Film. Offenbar hatte ich
Schwierigkeiten, zwischen Traum und Realität
zu unterscheiden, weil es keine Realität gab.

Jemand wollte mir etwas wie eine
Rückenstütze anlegen. Ich fürchtete mich,
aber ich konnte mich nicht wehren, da es
mehrere Personen waren, die Hand anlegten.
Das Ganze erinnerte an alte Versuche, Kinder
zum aufrechten Stehen zu bringen, aus
therapeutischen Gründen. Dann stopfte mir
auch noch jemand etwas in die Nase.[29] Ich
glaubte, ersticken zu müssen, hielt es aber
dann doch aus. Das war alles überaus quälend.

[29] 06.04.2008 um 12:11 Uhr: Vor ein, oder zwei tagen sah ich im
Fernsehen kurz einen Ausschnitt eines Films. Ein Mann stand da, der
etwas Weißes in der Nase stecken hatte. Ich dachte nicht daran, mir
das zu notieren, deshalb vergaß ich darauf.

29.03.2008

Ich war mit jemandem in der Bibliothek.
Gemeinsam stritten wir mit mindestens zwei
Männern. Sie wollten, dass wir gehen, wir
wollten aber unbedingt bleiben und Bücher
ausborgen. Die Situation war ungewöhnlich
und ich sagte, sonst wollen die Leute nicht in
die Bibliothek und wir wollen nicht weg.

Es wurde über die Mutter von L. gesprochen.
Früher habe sie sich an Jagdten beteiligt.
Überhaupt habe sie sich wie eine extrem
reiche und extravagante Frau verhalten. Ich
sah sie, wie sie zur Jagt fuhr, oder ritt,
gemeinsam mit vielen anderen Leuten.
Offenbar war das nur ein sichtbarer Gedanke.
Dann hörte ich jemanden über einen Mann
reden, den er Filou nannte. Das schien sein
Spitzname zu sein. Ich wollte über diesen
Mann ein Buch schreiben und sah mir andere
Bücher deshalb an. Sie hatten viel Text, aber
auch Fotos. Der Text war so klein geschrieben,

dass ich ihn nicht lesen konnte. Ich hoffte, jemand würde mir mehr erzählen.

Ich war bei Leuten, die ich im Traum kannte, in der Realität aber nicht. Dort sollte ich einen Aufsatz schreiben, ob für mich selbst, oder für jemand anderen war nicht ganz klar. Bis 7 Uhr am Abend hatte ich Zeit, dann würde der Professor[30] kommen und die Arbeit abholen. Ich glaube ich war ein Kind und die anderen Kinder in dem Haus schrieben auch etwas.

Es begann mit den Problemen, als ich das Deckblatt schrieb. Man musste einige Worte in bestimmter Verteilung auf das Blatt schreiben. Mir war nicht klar, ob ich Platz dazwischen freihalten musste, damit später etwas dazu geschrieben werden konnte, oder ob ich das dazu schreiben sollte. Ich konnte es nicht dazu schreiben, weil ich nicht wusste was ich schreiben sollte. Ich schrieb „Institut" und ließ

[30] *02.04.2008 um 18:09 Uhr:* Kronen Zeitung 2. 4.2008 Seite 20 - Kleine Bücherwürmer kommen am heutigen Hans-Christian-Andersen-Tag in der Hauptbücherei auf ihre Kosten. (mit Foto, auf dem Kinder zu sehen sind).
In derselben Ausgabe "Wandelndes Lexikon - Felix Steinwandtner darf sich jetzt über den Titel "Professor" freuen.

dann frei, weil ich nicht wusste welches
Institut gemeint war. Es folgten andere Worte
und die Zahl 25 (glaube ich). Die Zahl wusste
ich, aber ich wusste nicht was sie bedeutete.
Niemand erklärte mir was ich tun sollte.

Dann schrieb ich auf ein anderes Blatt die
Überschrift, also den Titel (vergessen). Der
Titel ließ erkennen, dass ich über etwas eher
persönliches schreiben sollte, also war es sehr
einfach. Ich schrieb ihn mit roter Farbe und so
groß, dass ich das ganze Blatt ausfüllte. Am
Rand hatte ich sogar Probleme mit dem Platz
auszukommen. Dann ging das Papier aus und
eine lange, schweißtreibende Suche begann.
Ich wusste nicht, ob ich glattes, kariertes,
oder liniertes Papier nehmen solle. Es musste
A4 sein, aber ich fand nur kleineres Papier,
oder es war beschrieben. Die Zeit lief und ich
hatte kein Wort geschrieben. Eine halbe
Stunde noch, das hätte ich - mit Papier -
schnell geschafft. Ich dachte, die Kinder
würden mir absichtlich keines geben, denn es
war alles voll mit Papier, aber keines passte. In

meiner Not kam ich auf die Idee hinaus zu gehen, um Papier zu kaufen.

Ich ging in ein Kaffeehaus. Dort machte man sich über mich lustig, doch ich meinte, manche hätten Papier. Ich ging ins nächste Geschäft. Dort gab es Papier, aber ich hatte nur einige Cent, es kostete aber 5,--€. Das war teuer und ich hatte auch keine 5,--€. Ich wollte auf Pump kaufen, doch der Besitzer lehnte ab. Er war Türke und es stellte sich heraus, dass er M. kannte. Er sagte, er würde uns (oder ihnen - gemeint die Familie von M.?) gerne borgen, weil er 100,-- borgen wollte und bisher seien es 95,-- gewesen, nun sei die 100,-- voll. Erst akzeptierte ich das, dann fiel mir ein, er redete Blödsinn. Wieso er von mir Geld wolle, wenn er es borgen wolle, meinte ich, das sei doch unlogisch. Das akzeptierte er nun doch und ich bekam das Papier. Ich ging wieder zurück. Ob ich rechtzeitig den Aufsatz abgeben konnte, weiß ich nicht.

28.03.2008

Ich musste mehrere Tabletten nehmen. Eine
Frau saß dabei und wollte genau zusehen,
damit ich nur ja keine nicht nehme.

26.03.2008

Ich erinnere mich nur an einen Satz:
"Trauriger Höhepunkt in einem traurigen
Theater!"

22.03.2008

Mehr ein Gedanke, als ein Traum. Jemand
sagte, es seien mehr als 20 Millionen (oder 2
Millionen?) an die Kidnapper bezahlt worden.

Ich dachte dabei an die beiden Österreicher in
Mali. [31]

Ein zweiter Traum, auch etwas undeutlich. Ich
sah einen Gegenstand, vielleicht ein Buch,
oder ein Kästchen, das in mehreren, dezenten
Farben, lila, rötlich, bläulich, etc. gehalten war
und einen bunten Stein, in einer passenden
Farbe hatte. Jemand sagte: "Sie wollen das
"Messiehaus" abbrennen. Was genau dieses
Haus war wusste ich nicht, aber ich wusste,
dass ein Zusammenhang mit diesem Stein auf
dem Gegenstand bestand. Vielleicht wurden
dort solche Steine gesammelt? Vielleicht in
einer kleinen Stadt? Jemand wickelte sich in
etwas ein. Es wurde hart wie die Wabe einer
Hornisse. Mindestens zwei Menschen machten
das. Es sah sonderbar aus. [32]

[31] http://www.tagesspiegel.de/politik/international/Gaddafi-Loesegeld-
Joerg-Haider;art123,2652274 (3.11.2008) Gaddafi habe den
Terroristen zwischen drei und fünf Millionen Euro für die zwei Geiseln
gezahlt, berichtete die algerische Zeitung "Liberté" am Montag.

[32] Kurier 6.4.2008 Seite 37
"Sie verstecken ihren Körper in geflochtenen Körben oder schauen
aus einem Gips-Kokon heraus...."
"In Körben, Nestern und Hüten steckt die Kraft"
Man sieht eine Puppe, die wie ein normaler Mensch aussieht, die in

Dritter Traum: Wir waren wahrscheinlich nicht wir selbst. Eine Reise mit dem Zug.[33] Jemand reiste mit mir, ich vergaß wer das war. Ich glaube ich kannte die Person nicht aus dem echten Leben.

Wir hatten einen Sohn, der ungefähr 12 Jahre alt war. Er sollte in einen eigenen Waggon, in dem nur Kinder waren.[34] Auch den Sohn habe ich im realen Leben sicher noch nie gesehen. Mir wurde sogar im Traum bewusst, dass er mir fremd erschien. Mir fiel ein, dass ich das Auto innerhalb des Gürtels geparkt hatte - ohne Schein. Es gab eine halbe Stunde Pause in der Station. Diese Zeit wollte ich nützen,

einem Korb steckt.

[33] *24.03.2008 um 21:39 Uhr:*23.3.2008 Kurier Reise Seite 49 Der Zauber der rollenden Legenden (+großes Foto mit Zug)

[34] *24.03.2008 um 22:04 Uhr:*
http://www.kurier.at/nachrichten/burgenland/143302.php
in elfjähriger Bursche ist am Sonntagnachmittag ohne Aufsichtsperson mit dem Zug EC-45 "Bartok Bela" Richtung Ungarn unterwegs gewesen. Bei einer von Polizeibeamten durchgeführten Personenkontrolle konnte sich der Bub nicht ausweisen. Er gab an, zu seiner Großmutter nach Sobotica in Serbien fahren zu wollen. Im Traum kommt ein Bub vor, den ich als Sohn empfand, obwohl ich merkte, dass ich ihn nicht wirklich kannte. Könnte sein, dass sich hier mehrere Zug-Geschichten vermischt haben.

das Auto außerhalb des Gürtels abzustellen.
Ich hatte noch kein Strafmandat,[35] fuhr das
Auto weg und kam rechtzeitig zurück. Es
kamen Stationen vor, die wir anfahren sollten,
die mir fremd vorkamen. Dabei hieß eine
etwas mit "Währing", aber der andere Teil war
mir unbekannt. Überhaupt erschien mir alles
irgendwie fremd zu sein.

Ich war zu Hause und sah aus dem Fenster.
Die Straße war total umgegraben.[36] Arbeiter
waren da und Baufahrzeuge. Nur das Auto von
M. (nicht das echte) stand mitten auf der
Straße und parkte dort. Ich sah an der Ecke
ein Auto kommen, das gleich wieder
umdrehte. Nun wollte ich das Auto
wegbringen, obwohl es gut dort stand, weil
deshalb die Autofahrer gleich sahen, dass sie
da nicht weiter fahren konnten. Da war alles

[35] *0.03.2008 um 23:01 Uhr:* Am 22.3.2008 in der Nacht von Polizei
angehalten worden. Ich bekam ein Strafmandat, wegen Fahrens ohne
Führerschein.

[36] *27.03.2008 um 18:22 Uhr:*27.3.2007 Heute wurde auf der Straße
(nicht ganz vor dem Haus, sondern vorne an der Kreuzung und nur
ganz wenig) aufgegraben. Eigentlich nicht die Straße selbst, sondern
auf einem Gehweg beim Hydranten. Es standen aber
Parkverbotschilder auf der Straße und es sah aufgegraben aus.

ganz weiß, so als wäre die Straße mit Schnee bedeckt.[37] Das war aber nicht sicher, vielleicht war es ein seltsames Material. Das Auto schob ich weg. Das ging ganz leicht. Obwohl ich es über Straßen in der Gegend schob, sah alles doch wieder anders aus als in der Realität. Also war nicht sicher, ob ich wirklich dort war, sondern nur assoziierte.

20.03.2008

Ich ging zur Bushaltestelle. Dort waren extrem viele Leute, es gab Tische und Stühle, wie beim Wirt, der jetzt aber in Pension ist und daher geschlossen hat. An einem Tisch saßen Leute die ich kannte, aber nur bemerkte, weil sie mich riefen. Unter ihnen war W.R., der entweder sich selbst als homosexuell bezeichnete, oder von jemandem so bezeichnet wurde. Es gab eine seltsame

[37] *24.03.2008 um 14:27 Uhr:*24.3.2008 Heute in der Früh war die Straße mit Schnee bedeckt. Allerdings schmolz der Schnee wieder. Da es aber in der letzten Zeit öfter geschneit hat, ist das nicht aussagekräftig.

Handlung die ich vergaß, zum Teil aber gar
nicht wirklich erfassen konnte. Es hatte mit
Zauberei zu tun. Danach wollte ich mit M.
schlafen, aber es funktionierte nicht so recht,
unter anderem auch, weil mein Stiefvater
auftauchte und uns störte.[38]

Ich sollte zum Optiker gehen (Tatsache), tat es
aber anscheinend nicht. Vielleicht nur ein
Gedanke. Dann lernte ich eine ältere Frau
"aus dem hohen Norden" kennen und verband
damit Begriffe wie ständige Kälte, Schnee,
usw. Sie sagte, ihr sei immer in den Füßen
kalt.

Das Gespräch verlagerte sich dann zur
Kleidung im allgemeinen. Ich dachte an
meinen alten, dicken Pelzmantel aus
Schafpelz, den ich geschenkt bekommen und
nicht getragen hatte, weil ich Pelz nicht mag.
Aber ich erwähnte ihn nicht. Den könne ich
aber mitnehmen, dachte ich. Die Frau hatte
einen langen Stoff, in den man Sachen wickeln
konnte, wenn man sie aufbewahren wollte. Ich

[38] Mein Stiefvater ist schon lange tot.

half ihr, ihn zu verstauen. Bei der Gelegenheit
zeigte sie mir was sie drinnen hatte.

Es gab Oliven, über die ich mich wunderte.
Anscheinend waren wir jetzt bei ihr zu Hause
und dort oben im Norden wachsen nun mal
keine Oliven. Sie hatte auch seltsame, mir
unbekannte Blüten. Sie waren groß und hatten
kräftige Farben.[39] Ich glaube gelb und rot. Ob
man sie essen kann, oder anderweitig
verwendet, dachte ich nach. Während wir den
Stoff verstauten sah ich zu Boden. Ich dachte
dort liege eine Armbanduhr, es war aber, wie
sie mir sagte, nur ein abgerissenes Uhrband,
das sehr breit war.

Die Frau hatte ein Häschen, das angehoppelt
kam. Das freute mich, aber leider kam es nicht
zu mir.

[39] *25.03.2008 um 21:04 Uhr:*25.3.2008 Kronen Zeitung Seite 15, 23
große bunte Blüten

19.03.2008

Bu. (die bereits verstorben ist) war da. Es wunderte mich nicht, dass sie lebte, alles wirkte auf mich ganz normal.

Einige Leute die behaupteten von einer Partei zu sein - vielleicht handelte es sich dabei um eine neue Partei, die nur aus wenigen Personen bestand - wollten ihr Gutscheine für ein Essen geben.[40] Ich konnte diese Zettel deutlich sehen, aber nicht was darauf stand. Sie waren nicht weiß und sehr klein, wie Eintrittskarten, oder noch kleiner. Sie verstand nicht was die Leute von ihr wollten.

Die Rohre der Wasserleitung klopften laut und deshalb sah ich nach. Anscheinend hatten diese Leute absichtlich die Geräusche verursacht. Ich fürchtete, sie wollten sie vergiften. Aber ich dachte, jetzt wo ich wusste, dass sie von ihnen (Wahlwerbung?) zum Essen[41] eingeladen worden war, könnten sie

[40] Februar 2009. Es gibt eine neue Tierrechtspartei, bei der ich einmal kurz angefragt habe. Seither bekomme ich Einladungen zu Versammlungen in Gaststätten.

das nicht mehr tun, weil ich ja Zeuge gewesen
wäre.

Ich holte R., der in seiner Wohnung in
unserem Haus war. Bu. fragte mich, wieso wir
so eine Einladung nicht bekamen, aber
niemand wusste das.

17.03.2008

Heute am Nachmittag war ich so müde, dass
ich mich hinlegen musste. Ich bin noch krank.
Es war aber um mich herum teilweise sehr
laut, daher könnte es sein, dass der Traum aus
einer Assoziation heraus entstanden ist.
Genau erinnere ich mich nicht.

[41] *31.03.2008 um 19:50 Uhr:*31.3.2008 Heute habe ich mein Auto
wieder bekommen, das angeblich repariert wurde. In der
Windschutzscheibe hing ein Zettel, den offenbar jemand hinein
gesteckt hatte, während es irgendwo auf der Straße stand. Der Zettel
ist zwar nicht sehr klein (A5) aber nicht weiß. Darauf steht
"Einladung" (Tag der offenen Tür) am 4.5.2008 9 Uhr bis 20 Uhr. Es
steht zwar darauf "Wir laden Sie zu dieser Ausstellung herzlich ein",
aber es sind Speisen darauf abgebildet und benannt. Veranstaltet von
einem islamischen Kulturverein. Ob es eine "Einladung zum
(kostenlosen) Essen" ist, oder ob man die angepriesenen Speisen
bezahlen muss, geht nicht hervor.

Es ging um einen Text, den man hören konnte. Den Text habe ich vergessen, ich erinnere mich nur an den Schluss. Da behauptete jemand, mein voller Name sei genannt worden. Ich kann nicht sicher sagen, ob ich den Text da hörte, oder las. Jedenfalls hörte ich mir den Text nun sehr aufmerksam an und legte mein Ohr direkt an die Geräuschquelle. Die Behauptung stellte sich als Lüge heraus. Mein Name wurde nicht genannt.

17.03.2008

Ich befand mich in einem kleinen Raum und putzte ständig, obwohl andere Leute auch da waren. Wahrscheinlich waren es vor allem Männer. Sie lachten und jemand sagte: "Hier hat es immer einen seltsamen Geruch!"[42] Was

[42] *18.03.2008 um 20:01 Uhr:*heute Ohne Beute und von den Angestellten eines Geldinstituts total blamiert ist am Dienstag eine Frau nach einem versuchten Überfall auf eine Bank in Hinterbrühl im niederösterreichischen Bezirk Mödling geflüchtet. Laut Polizei hatten zwei weibliche Angestellte der Täterin schlicht kein Geld ausgehändigt und die Frau auch noch gefragt, ob sie eine Kundenkarte habe. Die Beinahe-Bankräuberin, die wohl nicht

sie damit konkret sagen wollten, wusste ich
nicht. Diese Leute schien ich zu kennen, aber
nicht aus dem realen Leben. Deshalb und weil
ich mich nicht "normal" verhielt nehme ich an,
dass ich nicht wirklich ich selbst war. Danach
war ich vermutlich draußen.

Eine Frau mit mehreren Kindern hatte einen
sehr kleinen Hund.[43] Eines der Kinder
versetzte dem Hund einen furchtbaren
Fußtritt. Der Hund blieb reglos liegen und
winselte nicht einmal. Die Frau hob ihn kurz
auf. Er sank gleich wieder in sich zusammen.
Man merkte, dass er ihr egal war. Ich drohte
ihr mit einer Anzeige und meinte, bei einer
Untersuchung würde man sicher viele
Knochenbrüche feststellen. Vielleicht lebte der

sonderlich furchteinflößend gewirkt haben muss, flüchtete in einer
übelriechenden Duftwolke.
http://www.krone.at/index.php?http://webmail.krone.at/
squirrel/src/re.php
Keine direkte Übereinstimmung, aber übereinstimmend ist der
"seltsame Geruch", sowie die lachenden Leute.

[43] *18.03.2008 um 20:46 Uhr:* Heute kam eine kostenlose und nicht
bestellte Zeitschrift "Hund, Katz & Co mit der Post. Das könnte eine
Beziehung zum "Hund" im Traum darstellen, weil hier ganz speziell
die Beziehung zwischen Kindern und Hunden beschrieben wird.

Hund gar nicht mehr, denn man konnte ihn nicht aufrichten.

14.03.2008

Ich kaufte einen Trainingsanzug in lila, oder violett[44]. Jemand wollte noch ein Exemplar, deshalb ging ich nochmals hin. Die Farbe war sehr gefragt und deshalb ausverkauft. Es gab ihn nur noch in magenta-rot. Also rief ich zu Hause an und fragte, ob ich diese Farbe nehmen könne. Aber die Antwort dauerte lange und die Leute standen da und wollten den Anzug haben, da entschied ich spontan, ihn zu nehmen.

Es wurde zugesperrt. Leute wurden als Kassierer gesucht und kurzerhand sagte ich, das würde mich interessieren. Den Namen dieses Supermarktes hatte ich zuvor noch nie gehört, es schien aber eine Kette zu sein. Ich ging im Geschäft herum. Eine kleine Spinne

[44] *24.03.2008 um 21:43 Uhr:*23.3.2008 Kronen Zeitung Beilage Seite 16/17 über Modefarben. Darunter lila und verschiedenes Rot.

sprang mich an und verbiss sich in mir. Nur mit Mühe konnte ich sie aus der Haut reißen. Sie schien aus der Obstabteilung zu kommen.

Jemand machte eine Umfrage und fragte mich, wie ich in Bezug auf die zu geringe Bezahlung der Supermarktangestellten denke. Ich wollte schon sagen, ich hätte keine politische Meinung, sagte dann aber, bisher hätte ich keine gehabt. Jetzt wo ich hier angestellt sei, würde ich mich für die Angestellten einsetzen. Denn in der Zwischenzeit hatte man mich angestellt. An einer Wand war groß mein Familienname gestanden und noch etwas. Das bedeutete, ich solle ins Geschäft kommen um die Papiere fertig zu machen. Deshalb hatte ich den Weg ins Büro gefunden. Ich hatte noch gesagt, ich sei ja nicht ausgebildet, aber das störte niemanden.

Gleich für den nächsten Tag wurde ich zusammen mit einem Mann, der dort schon länger arbeitete, eingeteilt. Die Frau die ursprünglich arbeiten hätte sollen, wurde gestrichen. Ich sah ein großes Buch mit großen Kästchen und dort war sie durchgestrichen. Ich fragte wie lange die Schicht dauere. Die Antwort war: "Sehr lange!" Sie dauerte den ganzen Tag. Mir wurde langsam klar, das würde nicht funktionieren. Der Hund war zu lange alleine und M. wollte sowieso nie, dass ich arbeite. Deshalb war ich immer zu Hause geblieben. Er würde nächste Woche am Vormittag zu Hause sein und dann bemerken, dass ich heimlich arbeiten ging. Wenigstens zwei Wochen wollte ich aber arbeiten, schon weil ich mir Geld verdienen wollte. Ich grübelte auch darüber, ob ich mich mit dem Geld vertun würde, weil ich zu chaotisch war.

13.03.2008

Heute Nacht konnte ich nicht richtig schlafen. Es war ein seltsamer Zustand und meine Träume waren nicht weniger seltsam. Ich habe sie vergessen, weil ich zu müde war sie zu notieren, trotzdem verzeichne ich sie hier, weil sie sehr ungewöhnlich waren.

Es war ungefähr so, wie man etwas zeichnet, wenn man ein Detail genau betrachtet. Da lässt man jedweden Hintergrund weg. Ich sah etwas und hörte auch etwas sagen, wobei das was ich sah, sozusagen in der Luft hing. Es gab keinen Hintergrund, oder ein anderes Objekt, sondern nur etwas, das an eine Maschine erinnerte und nur aus wenigen Details bestand.

Auch ein, oder zwei Menschen waren dabei. Sie sanken tiefer, sozusagen ins Nichts, denn dort unten war wirklich nichts, nur leerer Raum, aber auch der war eher unfassbar. Der Traum hatte mit diesem Tiefersinken zu tun und dem totalen Verschwinden im unteren Bereich. Ein Wort fiel in diesem Zusammenhang, das mich sehr beeindruckte. Ich glaube: "der totale, wahrhafte Tod, der Tod der Seele." Ganz sicher ist das aber nicht.

12.3.2008

Y. geriet an eine christliche Sekte[45] und ging mit diesen Leuten mit. Ich sah sie von weitem, wie sie in freier Natur gingen. Es waren mehrere Personen, darunter auch mindestens zwei alte Leute mit weißen Haaren. Auf mich wirkte das wie eine Prozession. Ich wunderte mich, dass sie da einfach so mitging, ohne wirklich zu wissen wohin. Verzweifelt versuchte ich sie einzuholen, konnte das aber nicht und verlor sie schließlich aus den Augen.

[45] *28.03.2008 um 22:15 Uhr :*Nach monatelangem, vergeblichem Warten auf den Weltuntergang haben am Freitag sieben russischen Sektenmitglieder ihre Höhle verlassen. Mehr als zwei Dutzend weitere Sektenmitglieder halten sich aber nach Angaben der Behörden noch in dem Erdloch versteckt, darunter auch vier kleine Kinder, die nicht einmal zwei Jahre alt sein sollen. Das vom russischen Fernsehsender RTR veröffentlichte Bild oben zeigt einen Priester der russisch-orthodoxen Kirche, der mit den Sektenmitgliedern durch eine Röhre kommuniziert.
http://krone.at
Es könnte sein, dass der Traum auf diese Geschichte anspielt (es wurde aber schon früher darüber berichtet), denn hier geht es offenbar um mindestens zwei Kinder. Eine Beziehung zu Y. besteht insofern, als sie eine Frau kennt und deren Tochter, die auch nach Russland zu einer Sekte will.

Ein weiterer, möglicher Bezug wäre eine Freundin von Y., deren Schwester bei einer Sekte ist, deren Anführer Deutscher ist und die Mädchen auf den Strich schickt.

Nun versuchte ich sie anzurufen, aber das funktionierte nicht. Ich hatte ein ganz anderes Handy als in Wahrheit. Es war relativ groß und schwarz und sehr verwirrend. So verwirrend, dass ich jemanden bat, mir beim anrufen zu helfen. Y. meldete sich nicht, stattdessen sprach ein Mann, der anscheinend nicht mit mir direkt sprach. Es klang als würde er deklinieren. Er war offenbar Deutscher, das hörte man deutlich. Sehen konnte ich ihn zwar nicht, aber ich dachte er sehe wie ein "typischer" Deutscher aus; also blond, langes, schmales Gesicht und große Nase, mittleres Alter, eher jünger. Er sprach ganz langsam und es klang wirklich seltsam. Was er sprach verstand ich gar nicht richtig, aber ich hörte heraus, dass er zwischendurch den Ort nannte, an den man Y. gebracht hatte. Er machte auch noch andere Angaben, die ich zwar verstand, aber vergaß. Ein Hinweis auf einen zweiten Ort in der Nähe des ersten war deutlich und führte mich ans Ziel.

Der erste Ort klang wie "Breitenfurt". Das muss aber nicht stimmen, doch sicher stimmt

das Ende, also "Furth", oder "Furt". Die Leute
wollten nicht, dass ich Y. besuche, aber das
mussten sie erlauben und holten sie.

Ich war entsetzt. Sie war sehr dünn geworden
und wirkte verwirrt, oder verblödet. Vielleicht
war sie es also nicht wirklich, denn sie wirkte
total fremd auf mich. Man konnte mit ihr nicht
sprechen, weil sie nicht verstand was man
sagte. Deshalb wurde ich den Leuten dort
gegenüber aggressiv.

Es war ein Mann da, der anscheinend alles
leitete, sowie eine Frau. Ich glaube er köderte
die Leute. Ich drohte damit, "alles zu
entweihen" und noch vieles andere (vergessen
was genau). Er sah mich irgendwie
überrascht, aber auch gleichzeitig unbeteiligt
an. Als würde er mich auch nicht verstehen.
Auch er war im mittleren Alter, wirkte ruhig
und eher distanziert, jedenfalls überhaupt
nicht freundlich, sondern ernst. Dann griff ich
die Frau verbal an und fragte, was sie dabei
verdiene, denn was die Leute an Geld
brächten, würden wohl sie beide für sich
nutzen, meinte ich. Ich glaube die Frau war

älter als der Mann. Jemand sagte etwas von
Alkohol, deshalb dachte ich, man habe Y.
damit beeinflusst und sie so verwirrt gemacht.

Plötzlich las ich etwas (ich erinnere mich nicht
wo und wie). Dort stand, viele Geheimdienste
würden diese Sekte beobachten. Das sagte ich
Y. und erstmals zeigte sie eine Reaktion. Ich
sagte dann noch etwas über jüdische Religion,
oder etwas ähnliches und da wurde sie
"wach", also verständig und ich konnte sie
endlich mitnehmen. Sie war so dünn und klein,
dass ich sie tragen konnte, später setzte ich
sie ab. Sie hatte aber einen kleinen Sohn, den
sie nun trug und plötzlich lief sie mit ihm weg
und wollte wieder zu der Sekte. Aber ich holte
sie ein und verhinderte es. Es war bei ihr wie
eine Sucht. Die Sekte aber war inzwischen
weggezogen und so war die Gefahr gebannt.
Ich wusste, sie würde sie nun nicht mehr
suchen.

(Anmerkung 2022: Y hatte aufgrund einer schmerzhaften Trennung
ca. 2016-2020 psychische Probleme und nahm extrem ab.)

11.03.2008

Ich sah jemanden mit einem sehr engen, kurzen, schwarzen T-Shirt,[46] das Spaghettiträger hatte und oben gerade endete, somit einen großen Teil des Brustkorbs zeigte. Jemand meinte, damit könne man nicht überall hinein und erklärte, man müsse etwas darunter und darüber anziehen, dann war man angezogen genug, um überall eingelassen zu werden. Das war sehr hochgeschlossen und sah irgendwie seltsam aus, weil es nicht so recht zusammen passen wollte.

08.03.2008

Weil ich zu plötzlich geweckt wurde, vergaß ich fast den ganzen Traum.

---

[46] *13.03.2008 um 17:03 Uhr:*13.3.2008 ORF1 am Nachmittag. Die Trauen trugen solche schwarzen Oberteile und zauberten aneinander (in Bezug auf diese Oberteile) herum.

Ich sah einen Mann und eine Frau (ich glaube ich sah nur zu und war selbst nicht Teil des Traums) die in einer größeren Entfernung voneinander gingen und einander vermutlich irgendwann trafen. Dazu fiel mir entweder ein, oder jemand sagte: "Hänsel und Gretel verliefen sich im Wald!" Obwohl dieses Märchen eher negativ zu sehen ist, schien ich es positiv zu sehen.

07.03.2008

Es ging in diesem Traum ausschließlich um Wände. Ich wollte an einem Wettbewerb teilnehmen und dafür sollte man Wände fotografieren. Deshalb fotografierte ich Wände in allen möglichen Formen und Farben. Eine stand frei und auf ihr saßen Leute, andere befanden sich in Räumen. Das war weniger aufwändig, aber langweilig. Dann kam ich auf die Idee, eine neue Perspektive zu suchen und fotografierte von unten nach oben, usw.

06.03.2008

Mindestens zwei andere Leute und ich waren
in einem Bordell.[47] Wir gingen dort hinein,
weil ich hörte wie der "Boss" in diesem Hotel
zu seinen Mädchen sagte, er würde nun mit
ihnen üben. Ich dachte sie sollten tanzen
lernen, aber ich war mir nicht sicher, ob er sie
schlug, oder sonst misshandelte. Das wollte
ich heraus finden.

Er ging mit den Mädchen die Treppe hoch,
danach hörte man Musik. "Die Musik ist aber
schon sehr laut!", meinte ich stirnrunzelnd.
Doch man hörte keine Schreie und auch sonst
passierte nichts, das auf Misshandlungen
hinwies. Ich hätte ihn angegriffen, hätte er

---

[47] *08.03.2008 um 20:11 Uhr:* http:// krone.at
Ein mexikanischer Politiker hat seine eigene Entführung
vorgetäuscht, um unbemerkt eine Nacht im Bordell zu verbringen.
Der Betrug fiel erst auf, als der Parteichef der konservativen PAN in
Aguascalientes die Polizei der Stadt kritisierte und der Bürgermeister
daraufhin Nachforschungen anstellte.

Ich habe diese Meldung erst heute gelesen, seit wann sie online ist
weiß ich nicht.

jemanden geprügelt. Wir waren beruhigt und
gingen wieder. Draußen sahen wir zwei
Personen auf je einem Fahrrad daher kommen.
Es war der "Boss" und ein Mädchen, das
heiraten sollte. Wahrscheinlich brachte er sie
zu ihrem Bräutigam. Irgendwie kam mir das
komisch vor, denn ich war mir nicht sicher, ob
es wirklich ein Mädchen war, weil die Gestalt
auf dem Fahrrad irgendwie männlich wirkte.
Beide waren ganz in weiß gekleidet und die
"Braut" trug ein richtiges Hochzeitskleid mit
Schleier. Die beiden auf ihren armseligen
Rädern, so heraus geputzt, wirkten überaus
seltsam, wie sie auf der einsamen Straße
dahin fuhren. Wir sahen ihnen noch lange
nachdenklich nach.[48]

---

[48] *07.03.2008 um 19:08 Uhr:*7.3.2008 Heute sah ich auf ntv eine
Doku über den Mord an Kennedy. Ich schrieb darüber in meinem
Blog, weil mich die Verschwörungstheorie irgendwie interessierte und
ich mich davon überzeugen ließ, dass es wahrscheinlich doch eine
Verschwörung war (vielleicht Castro?). Dann las ich dieses seltsame
Forum und dort stand auch etwas von "Verschwörung", aber natürlich
nicht in diesem Zusammenhang. Nun kam ich auf die Idee, im
Internet auf ntv nachzulesen was ich alles nicht gesehen hatte, weil
ich die Doku nicht von Anfang an gesehen, bzw. gehört habe (M.
schlief noch). Dort fand ich dann zufällig einen Titel, der mich
ansprach, weil ich mich gerade mit weiblicher Kunst beschäftigt
hatte. Er hieß "Kunst ist weiblich". Dann sah ich, dass es dabei gar
nicht um Kunst ging, sondern um einen Playboy. Das interessierte

05.03.2008

Offenbar als Reaktion auf die Beschäftigung mit einem Naturschutzgebiet (eigentlich Wasserschutz), träumte ich von einem Naturschutzgebiet, zu dem wir fuhren. Den Anfang des Traums vergessen.

Gemeinsam mit mehreren Personen fuhr ich mit meinem Auto. Zuerst wollte ich zu Fuß gehen, war dann aber froh es nicht getan zu haben, denn der Weg war sehr weit. Vor einem abgegrenzten Naturschutzgebiet hielt ich und alle stiegen aus. In meiner Begleitung war sicher eine Frau, die anderen waren sehr jung, vermutlich eher Kinder. Nun stieg die Frau in ihr Auto und wir sollten mit ihr fahren. Das

mich nicht sonderlich, aber ich klickte die Bilder durch und fand ein Hochzeitsfoto, auf dem Gunter Sachs mit seiner Frau, die ganz in weiß ist, zu sehen ist. Er trägt allerdings Anzug, nicht in weiß und sie fahren auch nicht auf einem Fahrrad, sondern in einer Kutsche. Der Mann führte auch kein Bordell, hatte aber viele Frauen, schließlich war er "Playboy". Sie trägt einen seltsamen Mantel mit Pelz, statt Schleier. Weiter hinten sieht man viele weiß gekleidete Frauen mit nackten Brüsten, was eine sinnhafte Übereinstimmung mit den Prostituierten darstellen könnte. Auch eine Puppe, die sehr nach Prostituierter aussieht (Kleidung) ist zu sehen. Man sieht auch eine Rodel im Schnee fahren, etwas undeutlich, könnte an ein Rad erinnern, wenn das Traumbewusstsein es nicht genau erkennen kann.

wollte ich erst nicht, denn mein Auto war
größer und besser (nicht in der Realität). Sie
hatte auch kein Benzin, sondern füllte
umständlich einige Tropfen nach. Dann wurde
mir bewusst, dass ich mit meinem Auto ja
nicht zufahren konnte, weil ich fremd war,
während sie dorthin gehörte. Also fuhren wir
schließlich doch mit ihr mit.

03.03.2008

Y. wollte mit ihrer Freundin, wegen der sie
schon einmal eine Reise hatte abbrechen
müssen (auch in der Realität), wieder eine
Reise machen. Es sollten sogar zwei Reisen
werden, aber an eine erinnere ich mich nicht
genau. Jedenfalls sollte eine davon nach
Palästina gehen. Gemeinsam mit den Beiden
war ich in einer großen Halle, die an eine
Abflugshalle erinnerte. Viele Leute waren dort,
die auch alle diese Reise buchen wollten. Y.
dachte zuerst, die Reise gehe nach Israel, als
Ziel war aber Palästina angegeben, es sollte

aber auch Israel besucht werden. Schon die
andere Reise hatte N. wieder abgesagt und ich
hatte gemeint das mache nichts, da solle eben
S. mitfahren. Nun verging ihr die Lust an der
Reise auch gleich wieder, obwohl sie bloß
zweit Tage dauern sollte und eine Busreise
war. Sie fuhr sonst gerne mit dem Bus. Bezahlt
hatte sie auch schon. Ich sagte wieder, S. solle
halt mitfahren, aber das Geld könne ich ihr
erst morgen geben, ich hätte keines mit. Zu Y.
meinte ich, sie solle endlich diese
Freundschaft beenden und sie stimmte zu.

Ich dachte auch daran, die andere Freundin
könne mitfahren, aber das schien nicht zu
gehen. Ich glaube deren Vater hatte sich nun
scheiden lassen. Wir bekamen etwas Rotes,
das an ein Fahrrad erinnerte, aber geschoben
werden musste. Es war auch länger als ein
Fahrrad, aber man konnte einen Teil
zusammen klappen. Ich wusste nicht wie ich
das ins Auto bringen sollte. Neben mir stand
ein seltsames Mädchen, das mir anfangs
irgendwie dumm vorkam. Es war aber nicht
dumm, wie sich herausstellte, als es mit seiner

Mutter sprach. Es war jüdisch und sollte
vermutlich auch mitfahren.

Davor gab es noch einen anderen Traum, an
den ich mich aber sehr schlecht erinnere. Da
war ich im Freien, wahrscheinlich auf einem
Berg. Es gab eine starke Beziehung zum
Faschismus. Dort war etwas gewesen, was für
die Nazis wichtig gewesen war und das wurde
von den Leuten besucht, wie man ein Museum
besucht, oder eine Gedenkstätte. Ich dachte,
über mir müsse man etwas hinbauen, das
gehöre dort hin, aber ich wusste nicht was und
ich wusste nicht wieso. Es schien mir einfach
irgendwie leer zu sein, denn es gab an dieser
Stelle auch keine Bäume. Da erfuhr ich, dass
genau dort damals ein riesiges Herz[49] mit

---

[49] *5.03.2008 um 07:08 Uhr:* Heute sah ich das "Grafik-Gästebuch" an,
weil ich nach langer Zeit wieder einmal die Mails durchsah und meine
eigene Zeichnung (aus Langeweile gemacht) gemeldet wurde. Bei der
Gelegenheit fand ich darauf ein Herz, wobei da kein Mail gekommen
war. Ich weiß also nicht wann es gezeichnet wurde. Allerdings fiel mir
wieder ein, dass gestern auf einem deutschen blablabla Sender
jemand ein Kunststoffherzchen aufgeklebt bekam. Ich sah nur so
nebenbei zu und weiß daher nicht mehr was genau da lief und wo.
Ebenfalls gestern fuhr ich zu Billa, was ich normal nicht tue, weil das
auf dem Weg lag und ich etwas dringend brauchte. Direkt bei der
Kassa war ein Korb mit lauter Herzen in denen Schokolade war.
Heute sah ich zufällig (was ich sonst auch nicht tue, weil ich ntv

braunen Punkten gehangen war, das wie eine schwebende Plattform die Leute vor dem Wetter schützte, oder jedenfalls eine ähnliche Funktion hatte. Da kam ich auf die Idee, ich sei dort früher schon einmal gewesen, in einem früheren Leben und hätte davon eine unterbewusste Erinnerung. Zeitlich würde sich ein weiteres Leben schon ausgehen, dachte ich. Es gelang mir aber nicht, mich weiter zu erinnern.

01.03.2008

Ich habe mir wieder nur einen Satz gemerkt.

Wahrscheinlich war ich in einem großen Raum, vielleicht ein Schlafsaal, weil viel Weißes da war. Könnte Bettzeug auf Betten gewesen sein, denn es war über den Raum verteilt. Jemand sagte: "Es ist so, dass man

einschalte) um ca. 5 Uhr - 5.30 Uhr ORF2 und dort lief ein Beitrag über unser Trinkwasser aus den Bergen. Eine Landschaft wie im Traum wurde gezeigt. Ich glaube es war Steiermark, die Geschichte dieses Gebietes kenne ich nicht, aber ich werde nachsehen.

jemandem ein Kissen aufs Gesicht drückt."
Wobei ich mir nicht ganz sicher bin, ob es
nicht eine Verneinung war. Ich glaube aber
doch eher, der Satz lautete genauso wie er
hier steht. Alles andere habe ich vergessen.

27.02.2008

S. sollte mit ihrer ehemaligen Schule, in die
sie auch im Traum nicht mehr ging, nach
London fahren. Sie sollte jemanden
mitnehmen. Entweder Y. oder B. sollten
mitfahren.[50] In der Realität war Y. noch nie in
London, aber ich glaube im Traum fiel die
Wahl auf B., weil diese angeblich noch nie in
London war. Dann aber fuhren wir alle mit,
waren aber gar nicht in London. Es wurde
jedoch Englisch unterrichtet und ich tat so, als
würde ich mit lernen.

[50] *08.03.2008 um 18:44 Uhr:* B. wurde gestern von der Uni
angerufen, weil sie ein Stipendium in London bekommen wird. Sie
hatte daran nicht mehr geglaubt, weil ein anderes Gesuch, für ein
anderes Land gerade erst abgelehnt worden war.

Jemand unterhielt sich mit uns über den Kauf
eines Restaurants im ersten Bezirk. Ich
meinte, das sei riskant, wenn man kein Geld
habe. Habe man aber Geld, sei die
Wahrscheinlichkeit damit zu verdienen sehr
groß und man habe wenig Risiko. Man
pflichtete mir bei.

Anschließend wollten wir in dieses Lokal
fahren. Da schien es der Person, mit der ich
mich unterhalten hatte, schon zu gehören.

 Eine Kellnerin wollte von mir etwas kassieren,
obwohl ich dort noch nie gewesen war.
Dagegen wehrte ich mich. Es stellte sich
heraus, dass das Kind des Besitzers, mit dem
wir dort waren und ein Kind von mir, dort
gemeinsam einen Burger und noch etwas
gegessen hatten. Das musste ich nun nicht
bezahlen, obwohl es den Leuten nicht Recht
war, dass auf Kosten des Hauses gegessen
wurde.

26.02.2008

In der Nacht habe ich mich stark konzentriert.
Dabei auch AT gemacht, also eine Mischung
aus Konzentration und Entspannung. Ich
begann etwas Undefinierbares zu sehen und
der Name Jann fiel mir ein. Ob man ihn so
schreibt weiß ich nicht, er klang jedenfalls
kurz und hart.

Im folgenden Traum war ich vielleicht nicht
ich selbst, denn ich empfand mich anders als
normal. Ich ging in Paris in die Buchhandlung,
in der ich einmal im Urlaub war, weil M.
meinte, das müssten wir tun, weil wir
kostenlos durch die Vermittlung dieser Leute
hatten wohnen können. Was uns eigentlich
ungenehm war, weil wir deshalb weit
außerhalb von Paris wohnen mussten und die
Zugkarten teuer waren. Wir mussten deshalb
auch immer rechtzeitig zurück fahren und
konnten abends nirgendwohin gehen. Die
Situation schien jetzt aber anders zu sein.
Zwar konnte ich auch im Traum die Sprache
dieser Leute nicht, schien aber irgendwie

enger befreundet zu sein. Es war sehr heiß,
ich war Schweiß überströmt und stürzte in die
Buchhandlung. Dort umarmte ich jemand (was
ich auch niemals bei fremden Leuten tun
würde) und ich glaube, ich wollte Arbeit
haben. Dann ging ich wieder. Genaueres habe
ich vergessen.

25.02.2008

Bei uns waren Flüchtlinge angemeldet, was
mir nicht bekannt war. Das bemerkte ich nun.
Sie versuchten auf diese Weise etwas zu
erreichen. Was das war habe ich vergessen.

 Ein Arzt sprach mit mir und sagte mir, ich
hätte eine Krankheit (den Namen vergessen,
aber ich weiß noch, dass es ein Wort zwischen
5 bis 10 Buchstaben war und viele dunkle
Laute = o z.B. enthielt) und nannte den
Fachausdruck. Er meinte: "sie spüren den
Schmerz beim Atmen". Ich spürte ihn (noch?)
nicht, aber ich wusste, dass dies die Krankheit

war, an der ich sterben würde und von der ich
schon einmal geträumt hatte. Mir war klar,
nun war die Zeit gekommen, mir eine Pistole
zu kaufen, damit ich mich später erschießen
könne, um nicht qualvoll zu ersticken. [51]

24.02.2008

Es gab ein Gespräch zwischen M. und einem
seiner Freunde. Der Freund beschwerte sich,
weil bei uns alle am Vormittag noch schlafen.
"Ich kam um 9 Uhr vorbei und alle schliefen
noch!", sagte der Freund zu ihm. M. meinte,
das liege daran, dass wir nicht rechtzeitig

[51] *26.02.2008 um 11:46 Uhr :*Kronen Zeitung 25.2.2008 Seite 27
Der Tod steht Wien gut - Bestattungsmuseum

Zum Zeitpunkt des Traums war die Zeitung schon erschienen. Ich
habe beobachtet, dass Ereignisse die kurz vor, oder während eines
Traumes (und auch auf paranormalem Wege bekannt werden)
aufgegriffen werden, um spätere Ereignisse zu erzählen. Tatsächlich
hatte ich vor vielen Jahren so einen Traum, der auch sagte, es handele
sich um eine Krankheit, die es vielleicht noch gar nicht gibt.
(Anmerkung 2022 - wir haben jetzt eine Covid Welle großen
Ausmaßes. Die Menschen ersticken daran qualvoll.)

schlafen gehen könnten. Wir kämen in dieser
Weise einfach nicht zurecht.

Den zweiten Traum fast zur Gänze vergessen.
In Erinnerung blieb mir nur, dass es um
jemanden ging, der mir ständig Probleme
machte. Nun stellte sich heraus, dass er mit
Heroin [52]gehandelt hatte.

21.02.2008

Die meisten Details leider vergessen. Ich war
mit meiner Mutter unterwegs und hatte dabei
Geldprobleme. Sie gab mir etwas, das ich
eintauschen sollte gegen das, was ich haben
wollte. Vielleicht bekam ich dann aber doch
Geld dafür, denn ich dachte an einen Betrag
um 1500,--€. Dann gab sie mir noch etwas. Ich
glaube es war eine seltsame, kastenförmig
geformte Uhr. Eine Frau bot mir dafür
25000,--€. Sie lächelte dabei eigenartig und

[52] *26.02.2008 um 13:59 Uhr:* Willi Herrend (?) heute, RTL ca. 14 Uhr
Bericht über ihn im Drogenwahn.

daran erkannte ich, dass die Uhr viel mehr
wert war. Ich hatte ihr auch schon gesagt,
dass sie sehr alt war. Zu jemandem der neben
mir stand meinte ich, sie würde die Uhr um
den doppelten, oder dreifachen Preis
weiterverkaufen. Doch dann dachte ich, die
Uhr sei viel mehr wert und bringe ein
Vermögen, man müsse sie versteigern.
Trotzdem sagte ich zu ihr: "OK". Ich nahm das
Geld und legte es auf ein Sparbuch. M. nahm
das Sparbuch kurz an sich und als ich es
wieder zurück verlangte, gab er mir ein
anderes, das aus lauter losen Zetteln bestand.
Er behauptete, das sei das richtige, gab mir
das richtige aber dann doch wieder zurück,
weil ich hartnäckig blieb. Er hatte mich
bestehlen wollen und redete sich darauf aus,
dass Y. Geld erhalten habe. Genau erinnere ich
mich nicht.

Später war Y. da und wollte unbedingt bis 3,
oder 4 Uhr weggehen. Ich meinte, da könne
sie gleich ganz weg bleiben.

20.02.2008

Eine Frau wollte einen Film drehen[53] und suchte deshalb Requisiten. In diesem Film sollte jemand in Kinderspielsachen Heroin[54]

[53] *13.03.2008 um 22:27 Uhr:*13.3.2008

Als wir nach Hause fuhren sahen wir Leute auf der H. Straße, die offenbar einen Film drehten, oder fotografierten. Genau konnte ich das von fahrenden Auto aus nicht erkennen.
Worum es dabei ging weiß ich nicht.
Heute 13.3.2008 in der Kronen Zeitung (online) wird von Dreharbeiten berichtet, die heute in der Frühstattfanden und den Verkehr auf der Tangente lahm legten.
"Klappe, Film ab! Für Regisseur Mumberger war die Abfahrt Simmering auf der Südosttangente in Wien der ideale Drehort für die "Autopannen"-Szene in der "Knochenmann"-Verfilmung. Doch Hauptdarsteller Hader & Co. haben am Donnerstag den Frühverkehr zum Erliegen gebracht: Hunderte Schaulustige sorgten für einen 12-Kilometer-Stau."
Es besteht zwar vermutlich in beiden Fällen kein bezug zu Drogenschmugglern, aber da ich selbst sah wie (vermutlich) gerade ein Film gedreht wurde, ist ein Zusammenhang wahrscheinlich.

[54] *26.02.2008 um 11:38 Uhr:*25.2.2008 zdf 22.15 Uhr "Das Imperium der Wölfe" Ein etwas seltsamer Film über Heroinschmuggel, Türkei, graue Wölfe, etc. Den Film habe ich nur teilweise gesehen, daher weiß ich auch nicht ganz genau worum es ging. M. hat ihn ausgewählt. In dem Film kamen Namen vor, weil die Hauptdarstellerin in einer riesigen Gruft eine Tasche suchte. Es gab einen jüdischen Stern zu sehen und der Name Max fiel mir auf. Ich glaube er wurde 1952 geboren, den Nachnamen und die anderen Namen habe ich vergessen. Max merkte ich mir, weil mir dieser Name

schmuggeln. Nun suchte sie ein geeignetes
Spielzeug und sah sich in einem Geschäft um.
Zuerst wollte ich ihr bei der Suche nicht
helfen (was ich dort überhaupt machte war
unklar, vielleicht verkaufte ich dort). Nachdem
sie lange herum suchte, ging ich dann doch zu
ihr und zeigte ihr verschiedene Spielsachen.
Anfangs waren es Sachen aus buntem Plastik,
dann aber auch eher teurere Sachen für
Erwachsene aus Porzellan, weil sie mit nichts
zufrieden war. Ich glaube es waren
Gegenstände die Tiere darstellen, aber auch
eher abstrakte Dinge, an die ich mich nicht
genau erinnere.

Mit der Zeit wurde mir das zu blöd und ich
ließ sie einfach stehen und sah nur noch von
weitem zu wie sie suchte. Sie entschied sich
schließlich für drei, oder vier Gegenstände[55],
die wahrscheinlich kultischer Art waren, aus

vor kurzem irgendwo untergekommen ist. Ich habe aber vergessen
wo.

[55] *6.02.2008 um 11:42 Uhr:*25.2.2008 Kronen Zeitung Seite 5 ein
griechisches Gefäß ist zu sehen, das Schmuggler nach Italien
gebracht hatten. Das ist keine direkte Übereinstimmung, denn im
Traum wurde ja nicht ein Gefäß geschmuggelt, sondern in einem
Gefäß, sollte aber bedacht werden.

dem Bereich der hinduistischen Tradition. Sie waren eher klein, was mich wunderte, weil sie bisher nach größeren Gegenständen Ausschau gehalten hatte. Schließlich sollte ja drinnen sehr viel versteckt werden können.

18.02.2008

Ein Mafia-Boss[56], ein alter Mann mit weißen Haaren und zwei seiner Leute (sie waren verschieden alt, aber jünger als er) versuchten ständig mich umzubringen. Es stellte sich mit der Zeit heraus, dass es dafür keine echte Begründung gab, aber er hörte damit nicht

---

[56] *19.02.2008 um 11:29 Uhr:*Mafiaboss nach zehn Jahren Flucht verhaftet

Der seit über zehn Jahren flüchtige Mafiaboss Pasquale Condello ist am Montagabend Spezialeinheiten der italienischen Polizei ins Netz gegangen. Nach Condello wurde unter anderem wegen Mordes, Erpressung und illegalen Waffenbesitzes gefahndet. Der Boss der kalabrischen 'Ndrangheta stand auf der Liste der 30 meistgesuchten Mafiosi Italiens.

http://www.aon.at/portal/site/aon/menuitem.
2d7a61252d2aa33c9bf1cb10740208c2/?vgnextoid=
c561c57a9 de28110VgnVCM2000004f1a1facRCRD

auf. Es gelang mir immer wieder mich zu
retten, doch einmal wurde es sehr gefährlich.
Aber gerade in diesem Moment starb er. Damit
war die Gefahr gebannt, denn die beiden
anderen Männer wollten mich schon lange
nicht mehr angreifen. Sie wollten nicht mehr
kämpfen.

Nun stellte sich heraus, dass er nicht, wie alle
geglaubt hatten, ein kleiner und unwichtiger
Mann war, sondern der "Boss der Bosse"[57] und
sehr gefährlich. Eine Frau, die das hörte, fiel
vor Schreck wie ein Stock um. Der alte Mann
hatte anscheinend zwei Frauen gehabt und
der neue Mann machte das ebenso wie er.

17.02.2008

Ich habe mir wieder nur einen Satz gemerkt,
konnte aber nicht aufstehen, um ihn zu
notieren, weil ich zu müde war. Ich hatte noch

[57] *20.02.2008 um 11:10 Uhr:*In dieser Nacht sagte in den ORF
Spätnachrichten um Mitternacht die Sprecherin "Boss der Bosse", als
sie über den verhafteten Mafia-Boss sprach.

zu wenig geschlafen. Der Versuch, mir den Satz zu merken führte dazu, dass ich noch weniger schlafen konnte. Es war eine starke Konzentration, ein ewiges Widerholen und gleichzeitig ein Dösen. Trotzdem vergaß ich ihn dann doch. In Erinnerung blieb mir nur, dass dieser Satz etwas mit "kausal", oder "Kausalität zu tun hatte.

14.02.2008

Der Traum spielte vermutlich im Iran. Zwei junge Frauen die beide Kinder hatten, gingen recht freizügig herum. Eine von ihnen war blond, also vermutlich Ausländerin. Sie trug einen Bikini, war aber wahrscheinlich nicht in einem öffentlichen Bad, sondern eher in einer großzügigen Villa. Da entschied ihre Schwiegermutter, ihr das Kind wegzunehmen, denn sie meinte, so wie das Kind außen aussehe (in Bezug auf Kleidung und Lebensstil), so sähe es auch innerlich aus. Auch der anderen Frau nahm jemand die

Kinder weg. Ich dachte, die beiden Frauen
würden zusammen um ihre Kinder kämpfen.
Aber auch ein junger Mann wollte nicht so
prüde leben wie das in diesem Land so üblich
ist. Er ging fast nackt ins Freie, nur mit einem
Tuch, das er sich umhängte. Ich sorgte mich
um ihn. Niemand schien es zu bemerken, oder
es sagte niemand etwas. Dann kam jemand zu
Besuch und da zog er sich doch eine Jean und
einen Pulli an. Da wirkte er aber dann
plötzlich ganz anders auf mich, vielleicht war
es also jemand anderer.

Ich ging herum und sah in die Fenster der
Häuser. Dort saßen Menschen, wobei es
sowohl Frauen, als auch Männer waren, die
zusammen waren, ohne
Geschlechtertrennung. Auch ich trug ein
offenherziges Kleid, das sogar kurz die Brust
freiließ, weil es rutschte. Es war schwarz mit
weißem Rand. Nun legte ich die Träger
kreuzweise um die Schulter, so war es
plötzlich vorne hochgeschlossen, aber
ärmellos. M. kam herein. Wir unterhielten uns
und gingen dann herum. Nun war nicht ganz

klar, ob wir noch im Iran waren, oder in der
Gegend aus der er stammt, denn obwohl wir ja
nicht weit gegangen waren, kamen wir an
Orte, an denen er früher gewohnt hatte.
Erstaunt stellten wir fest, dass die Häuser die
er gebaut hatte, zerfallen waren. Es waren
aber keine normalen Häuser gewesen,
sondern z.B. eine Brücke, die das Haus
abschloss. also die Decke, oder das Dach
bildete. Die Wände, die er darunter gebaut
hatte waren nun weg und so blieb die Brücke
übrig, wie sie normalerweise aussah.

Dieser Band ist Teil meiner Traumsammlung, welche viele Jahre lang im Internet für jede/n kostenlos zugänglich war. Weil die Traumsammlung mit der Zeit zu umfangreich und daher zu unübersichtlich wurde und im Internet auch alles geändert werden könnte, habe ich mich 2014 entschlossen, sie als Buch zu veröffentlichen.

Bisher erschienen sind bei BoD "Maria Sand, meine präkognitiven Träume" die Bände 2 und 3 in denen meine Träume nach dem Jahr 2014 zu finden sind. Sie werden laufend ergänzt, wenn genügend neue Träume hinzu gekommen sind.

Im Jahr 2014 habe ich meine Träume aus den Jahren 2000 - 2014, sowie 1997 und einige ohne genaues Datum vor dem Jahr 2000 bei Lulu veröffentlicht. Diese Ausgabe ist vergriffen. Jetzt bin ich dabei, diese Jahre der Traumsammlung neu bei BoD aufzulegen.

Das Jahr 2008 befand sich in dem Band der Träume von 2008 - 2011. Die ISBN Nummer lautete 978-1-326-18850-4 was beweist, dass

diese Träume in unveränderter Form (aber
korrigiert) neu veröffentlicht wurden. Das ist
insofern wichtig, als diese Träume eine
Dokumentation sind, die Grundlage einer
Studie mit wissenschafltichen Methoden ist.
Auf diese Weise ist es möglich zu beweisen,
dass Träume sich tatsächlich erfüllen können.

Mehr Informationen dazu erhalten Sie in
meinem Buch "Maria Sand, Die Intelligenz der
paranormalen Träume" ebenfalls bei BoD
erschienen.

Auf der Webseite von BoD erfahren Sie,
welche Bücher von Maria Sand noch erhältlich
sind.